Start-up

スタートアップ企業の人事戦略

HR strategies

田口 光［著］
合同会社YUGAKUDO 代表社員

労務行政

はじめに

本書を手に取ってくださった読者の方々は、スタートアップ企業で暗中模索、試行錯誤の日々を送られているのではないだろうか。あるいは、これからスタートアップ企業に飛び込まれる方々だろうか。

筆者の社会人スタートは、今でいうスタートアップ企業であり、筆者は入社半年ちょっとで新規事業を任されることになった。とんでもない話である。当然、右も左も分からず、日々苦労した思い出しかない。文字どおり暗中模索であった。なんとか三つの事業を立ち上げ、２勝１敗で終えたものの、思い返すたびに「もっと効率的、効果的に進められたのではないか」と長年気をもんでいた。

その後、事業戦略部門、人事部門とキャリアを重ねつつ、さまざまなコミュニティや大学院で学びを得て当時を振り返り、あの時はああすればよかったのか、こうすればよかったのかと今更ながらに思ったものである。

そして、独立起業し、縁あっていくつかのスタートアップ企業の経営や支援に携わった。それまでの経験や大学院・人事組織系の学会で得た学びを生かしつつも、その未知性はいつの世も変わらず、なんらか道しるべがないかとずっと考えていた。

特に、人事領域では、労務管理の実務に関する手引きがいくつか存在するものの、その他の領域については見かけることがない。人事戦略など皆無だ。

人事という切り口では、世の中に立派な人事パーソンになるための良書が山ほど存在する。筆者も大いに勉強させていただいている。しかし、スタートアップ企業に必須ともいえる「事業と密接な連携を築く人事戦略」を掘り下げた書籍を見つけることは難しい。

本書は、そんな悩みを解消すべく戦略に特化した書とした。つまり、事業をにらみながら、何を検討するかを考える軸を整理したものである。もちろん、経験則に閉じたものではなく、実証された理論を基に組み立てた。

戦略の書であるので、具体的なHOWにフォーカスした内容はない。とはいえ、抽象的なものではイメージが湧きにくいので、要所で実際の事例を挿入した。しかし、あくまでもその企業にフィットしていた事例であり、それが自社にとって必ずしも正解ではないことには留意いただきたい。

本書は、全10章で構成される。

第1章・2章では、スタートアップとは何か、その成長過程にはどのような壁があるのかを理論に基づき解説する。

第3章では、事業戦略と人事戦略をどのように連携させるのか、一つのフレームを通じて詳述する。

第4章から第7章までは、組織能力の獲得・把握・活用・維持成長といった観点で人事戦略を展開し、第8章・9章は、それらを生かす人事制度・報酬マネジメントについて解説する。

第10章はまとめの章とする。

以上全10章を通じ、事業戦略と人事戦略を緊密に連携させるシステムを前提に置き、いかにしてスタートアップ企業組織で円滑に事業成長を遂げられるかに徹頭徹尾こだわったつもりである。

本書は、人事担当者だけではなく、スタートアップ企業の経営者・事業責任者、そして今からスタートアップに飛び込もうとしている人にもぜひ手に取ってもらいたいと考えている。

そのような方々が少しでも未来への希望を持ち、社会へ新しいサービスを生み出していただけたらこれ以上の喜びはない。

2023年6月

田口　光

目次

第４章　組織能力を獲得する

第5章 組織能力を把握する

第6章 組織能力を活用する―人事を行う―

第８章　事業と組織を成長させる人事制度

第9章　報酬マネジメント

第10章　まとめ

第1章

スタートアップ企業とは

本章のポイント

①スタートアップ企業とは何か
②スタートアップ企業が持ち合わせる特徴

1 日本の起業の始まり

[1] ベンチャービジネス・ベンチャー企業

スタートアップという言葉から、第一に想起されるのは「起業すること」であろう。日本の起業の歴史を紐(ひも)解くと、1970年代に第1次ベンチャーブームというものがあった。国民金融公庫（現・日本政策金融公庫）による「小零細企業新規開業実態調査」に端を発したものであり、調査の結果、既存の中小企業では分類できない群が認められ、これがベンチャービジネスとして広まった。その後も国民金融公庫の主導により、日本ベンチャー・ビジネス協会の設立などがあり、第1次ベンチャーブームは官によって発生したものといえる。残念ながら、オイルショック等でブームは消滅してしまったが、この時に誕生した企業がベンチャー企業と呼ばれたようだ（なお、ベンチャー企業は和製英語であり、アメリカでは「Venture Company」とは呼ばない）。第1次ベンチャーブーム時の代表的な企業としては、日本電産やキーエンスが挙げられる。

その後、1983～1986年に第2次ベンチャーブーム、1990年代前半から2000年前後まで第3次ベンチャーブームがあった。それぞれ、円高不況、ネットバブルの崩壊などで立ち消えてしまったが、第2次ブームにはエイチ・アイ・エス、ソフトバンクなどが名を連ねた。また、2010年代後半を第4次ベンチャーブームと呼ぶ場合もあるようだ。

[2] ベンチャー企業の特徴

起業＝ベンチャー企業かといえば、そうではない。さまざまな定義があるが、金井・角田（2002）は、ベンチャー企業の定義を「成長を強調する定義」「リスクを強調する定義」「革新性を強調する定義」「アントレプレナーシップ（起業家精神）を強調する定義」の四つで整理している。この四つは**［図表1-1］**のように「成長性」と「革新性」という二つの軸に再整理ができる。

2 ベンチャー企業とスタートアップ企業の違い

［1］2000年代までの考え方

では、ベンチャー企業とスタートアップ企業とは何が異なるのか。松田（2014）[1]は、ベンチャー企業の成長ステージを、ビジネスプランの創出や試作品の開発などを行う「シード期」、実際にプロダクトやサービスの販売を開始する「スタートアップ期」、事業が市場や社会に受け入れられ急拡大する「急成長期」、プロダクト・サービスや市場が成熟し、成長が鈍化する「安定成長期」の４ステージに分類している**［図表1-2］**。

また、榊原・本庄・古賀（2004）[2]は、ベンチャー企業の創業期を「スタートアップ期」と呼び、スタートアップ期にある企業を「スタートアップ企業」と呼称している。これらのことから、当時の日本ではベンチャー企業の草創期にある企業をスタートアップ企業としていたことが分かる。

［2］2010年代以降の考え方

かつてユニコーン企業に数えられたメルカリなどの企業を、IPO（株式公開）を果たした今でも「スタートアップ企業」と呼ぶにはいささか

1　松田修一（2014）『ベンチャー企業　第４版』，日本経済新聞出版
2　榊原清則・本庄裕司・古賀款久（2004）「技術系製造業におけるスタートアップ企業の成長要因」，文部科学省 科学技術政策研究所 Discussion Paper No.37

図表1-1 ベンチャー企業の定義区分

<table>
<tr><th rowspan="2">研究者</th><th rowspan="2">定　義</th><th colspan="4">分　類</th><th rowspan="2">定義の区分</th></tr>
<tr><th>成長を強調</th><th>リスクを強調</th><th>革新性を強調</th><th>アントレプレナーシップを強調</th></tr>
<tr><td>福田他
(2000)</td><td>「(a) 新しい技術・サービスまたは事業概念(コンセプト)を持ち、(b) 既存事業(大企業、中堅企業)との差別化空間を比較的長く維持することを狙い、(c) 経済的またはキャリア上のリスクを背負った成長意欲の強い経営者に率いられて、(d) 事業成功の暁には相応の富と社会的評価が得られる企業のこと」</td><td>◎</td><td></td><td></td><td></td><td rowspan="3">成長性を含有する定義</td></tr>
<tr><td>松田
(1998)</td><td>「成長意欲の強い企業家に率いられたリスクを恐れない若い企業で、製品や商品の独創性、事業の独立性、社会性、さらに国際性を持った、何らかの新規性のある企業」</td><td>○</td><td>◎</td><td></td><td>○</td></tr>
<tr><td>水野
(1998)</td><td>「ハイリスクハイリターン」「急成長」</td><td>○</td><td>◎</td><td></td><td></td></tr>
<tr><td>清成
(1996)</td><td>「知識集約的な現代的イノベーターとしての中小企業」</td><td></td><td></td><td>◎</td><td></td><td rowspan="5">革新性を含有する定義</td></tr>
<tr><td>中村
(1992)</td><td>「研究開発型・デザイン開発型の新規開業企業」「独自の経営ノウハウに基づいて既存の企業では満たしえない新しい需要を開発し、新しい需要機会を創造した新企業を含むもの」</td><td></td><td></td><td>◎</td><td></td></tr>
<tr><td>大滝
(1997)</td><td>「(a) 製品・サービスあるいは事業の内容に一定の革新性を持ち、(b) 新規市場の創造によって成長を志向すると共に、(c) それに伴うリスクを適切に処理する」</td><td></td><td></td><td>◎</td><td></td></tr>
<tr><td>坂本
(2001)</td><td>「アントレプレナーの要素を有した企業家をリーダーとする、革新性をもった創業期にある企業」</td><td></td><td></td><td>◎</td><td>○</td></tr>
<tr><td>Timmons
(1994)</td><td>「価値の創造と分配が含まれなければならない」</td><td></td><td></td><td>○</td><td>◎</td></tr>
</table>

資料出所：金井一頼・角田隆太郎編 (2002)『ベンチャー企業経営論』, 有斐閣, Timmons, J. A. (1994) *New Venture Creation 4th edition.* (千本倖生・金井信次訳 (1997)『ベンチャー創造の理論と戦略―起業機会探索から資金調達までの実践的方法論』, ダイヤモンド社, p.224) から筆者作成

図表1-2　松田（2014）が表したベンチャー企業の成長ステージ

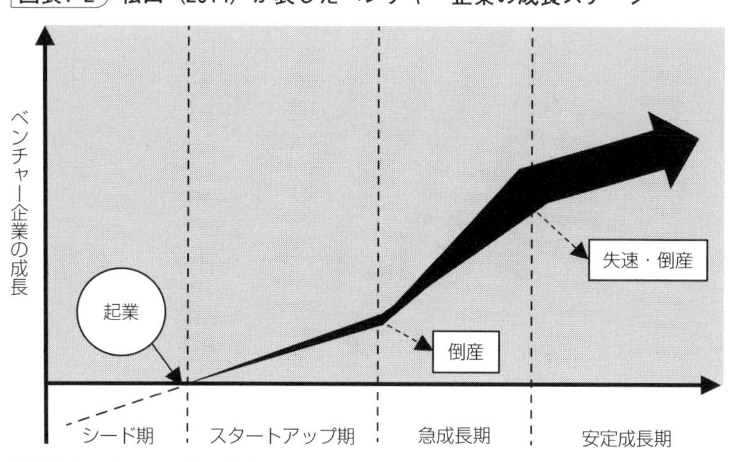

資料出所：松田修一（2014）『ベンチャー企業　第4版』，日本経済新聞出版

違和感がある。その意味で、「スタートアップ」をベンチャー企業の成長フェーズの一つと捉える考え方に違和感はない。

他方、近年は別の考え方も存在する。それは、「圧倒的な成長性」を内包しているという点である。2010年代に主流のビジネスモデルであったSaaSモデルに関していえば、アメリカでは「T2D3」といった成長性が求められる。ARR[3]が年々3倍（Triple）－3倍（Triple）－2倍（Double）－2倍（Double）－2倍（Double）で伸びていくということだ。もちろん創業してすぐの話ではなく、プロダクトが市場に受け入れられた、いわゆるProduct Market Fit（PMF）が達成された後の話である（PMFの達成は一度では終わらない）。ビジネスチャットサービスを展開するChatwork株式会社の創業者である山本敏行氏は、アメリカでの事業経験もあり、スタートアップの定義を「新しいビジネスモデルを開発し、ごく短期間で急激な成長とエグジット（IPOや株式の売却で投資

3　Annual Recurring Revenueの略。毎年得ることができる収益や売上を指し、「年間経常収益」とも訳される。

資金の回収、利益確定）を狙うことで、一獲千金を狙う人々の一時的な集合体」と表現している[4]。

T2D3はアメリカのマーケット規模での話ではあるが、日本においても圧倒的な成長スピードは求められる。

[3] スタートアップ企業とは

ベンチャー企業を定義づける「成長性」「革新性」の２軸からスタートアップ企業とベンチャー企業との違いを捉えると、「革新性」は「新たなビジネスモデル」と同意であると考えられる。「成長性」に関しては、同じ成長性であっても、違いはそのスピードにあると解される。

以上のことから、本書では、スタートアップ企業の定義を、「**革新的なビジネスモデルで圧倒的な成長を遂げ、エグジットを狙う企業**」として進めていく。実際、スタートアップ企業は目を見張るような速さで事業も組織も成長していく。**[図表1-3]** は2022年７～12月に東証市場にIPOした企業数と、その設立からIPOまでの年数である。グロース市場とスタンダード・プライム市場で大きな差異があることが分かる。

図表1-3　2022年７～12月に東証市場にIPOした企業のIPOまでの年数

市　場	企業数	IPOまでの年数	備　　考
東証グロース	37	10.75	事業に革新性がない企業９社を除く
東証スタンダード・東証プライム	11	38.07[注]	既存上場企業の株式移転上場企業９社を除く

資料出所：日本取引所グループ「新規上場会社情報（2022年）」から筆者作成
[注]　グロース市場からの市場替えも含む。

4　山本敏行・戸村光（2021）『投資家と企業家』，クロスメディア・パブリッシング

スタートアップ企業の定義をしたところで、「革新性」と「成長性」について、ここでもう少し詳述しておく。

（1）革新性

スタートアップ企業は、今までにない新たなサービスやプロダクト、新しいビジネスモデルを生み出している。例えば、以下のようなものがある。

- 流通サービス型：新規の発想や販売手法で既存事業に参入する（例：Amazon）
- 技術企画型：既存の技術の組み合わせで将来の成長が有望な市場に参入する（例：Apple の iPhone）
- 研究開発型：新たな市場の創出や既存のマーケットを変えてしまうような独創的な新プロダクトの開発・販売を行う（例：ユーグレナ）

（2）成長性

PMF が達成されると、スタートアップ企業はベンチャーキャピタル（以下、VC）等から投資を募る。そこで調達した資金を大胆に投資につぎ込み、市場開拓のためのマーケティング、プロダクトのバージョンアップ・新機能の開発、それらを行う組織人員の獲得などに充てる。それらの投資は、すぐさま売上につながることはなく、しばらくは赤字になるが、投資効果が出始めると、今度は一転して急成長していく。この赤字を突き進むさまと、赤字が底を打ってから二次曲線の急角度で成長していくさまをグラフで表すと、その曲線がホッケーのスティックの形状に似ていることから、「ホッケースティックカーブ」と呼ばれる。

第2章

スタートアップ企業がぶつかる壁

本章のポイント

①スタートアップ企業がぶつかる壁とその特徴
②組織が成長する理由と停滞する理由
③スタートアップ企業になぜ人事戦略が必要なのか

1 資金の壁、拡大の壁

第1章で述べた「革新性」と「成長性」という特徴から、スタートアップ企業が成長の途上でぶつかる壁がある。例えば、資金が底を突いたり、雨後の筍（たけのこ）のように現れる競合他社に飲み込まれたりしてしまうような壁だ。具体的には、「死の谷」や「ダーウィンの海」、また「魔の川」と呼ばれるものである。

[1] 死の谷

新たなサービスやプロダクトがローンチされるまでに、あるいはローンチ後の早い段階で、資金が尽きてしまう現象である。資金調達できることを前提にしてサービス内容を拡大させてしまったり、プロダクト開発においていわゆる「Must to have（必ず必要）」ではなく「Nice to have（あったほうがよい）」にまで範囲を広げてしまったりすることが原因である。

プロダクトやサービスが革新的であればあるほど、他者にその有用性を理解してもらうことが難しく、VCや金融機関からの資金調達につながらない場合もある。また、多大な先行投資を必要とするなど、キャッシュが先に出ていくようなビジネスモデルでは、事業や組織の成長が速ければ速いほど、運転資金が追いつかないケースもある。

死の谷に陥ってしまった企業は数多く存在する。しかし、なぜそうなってしまったのかを深く振り返った事例は見かけない。今回、その貴重な事例を一つ紹介する。後人への学びとして掲載を許可してくださった株式会社 Mentally 代表取締役 CEO の西村創一朗氏には謝意を申し上げたい。

事例１　株式会社 Mentally の事例[1]

〈事業内容〉　こころのオンライン相談アプリの開発販売および Web メディアの運営

〈沿　　革〉

2021年７月　先行して Web メディアをリリース
2021年10月　法人設立、エンジェル投資家から約3000万円を調達
　CTO、CPO 等、主要メンバーを採用
2022年２月　サービスサイトオープン
2022年５月　プロダクト β 版リリース
2022年７月　正式リリース
　シード～プレシリーズ A[2]での資金調達活動を開始
2022年９月　サービスクローズ

〈資金調達に失敗した主な原因〉

- **資金調達が成功する前提で事業計画を立ててしまっていた（資金調達の楽観視）**

　〔西村氏談〕

　「**マネタイズ（収益化）はまだまだこれからだけれど、**プロダクトは無事にリリースできたし、ユーザーもついてきている。しっかりと検証サイクルが回せるチーム体制ができているし、**今回資金調達を成功させて燃料補給をして、１～２年以内に PMF まで持っていくぞ！**」と、自分が進んでいる方向性を何の疑いもなく過信・盲信して突き進んでしまっていたのです。

- **ユーザーテスト結果が“擬陽性”のまま進んでしまった**

　〔西村氏談〕

「mentallyのアプローチであれば、日本のメンタルヘルスケア市場を拡大する突破口を開けるはず！」という仮説を盲信するあまり、ユーザーインタビューやMVP[3]による仮説検証プロセスにおいても、無意識のうちに都合の良い情報ばかりに目を向け、都合の悪い情報には目を背け、**検証レベルがまだ浅い状態で「ニーズあり」と判断してしまった**のです。

●**集中と選択をすべきだった**

〔西村氏談〕

・Webメディアと Webアプリの同時立ち上げによってリソースが分散しただけならまだしも、

・フライング（見切り発車）と擬陽性によって、**「開発スピードを上げる」ことを名目に拙速に人員を増やしてしまった**

・一発で資金調達が成功することありきで、9月末でキャッシュアウトするスピードで**バーンレート[4]を上げることを許容してしまった**

といった過ちがかけ合わさったことで、このような悲惨なバッドエンドを招いてしまったのです。

---

1 創業者である西村氏のブログより。
https://comemo.nikkei.com/n/na74213440685

2 スタートアップに対する投資ラウンドの段階で、「シード」はプロダクトのリリース前後、「プレシリーズA」はプロダクトの検証中の段階。

3 Minimum Viable Productの略で、実用上最小限の価値を提供する、事業可能性の検証用プロダクトを指す。

4 バーンレート（Burn Rate）とは、会社経営に際して、1カ月当たりどのくらいコストを消費しているかを表す指標で、「資金燃焼率」とも呼ばれる。

これまで存在しなかったサービスであり、革新的でもあった。しかし、革新的だということは、手本とすべき事例が何もないということであり、暗中模索の中でPMFを手繰り寄せることになる。

西村氏は、学びとして「PMFを達成するまでは、Webメディアを収益化まで持っていき、その裏で最小限のコストでWebアプリの仮説検証を行うべきだった」としている。サービスの“センターピン”を捉える前に資金が尽きてしまった事例である。

死の谷は、資金調達の環境が良好ではない場合、多くのスタートアップ企業が陥りやすい落とし穴である。しかし、一度失敗して終わりではなく、失敗を教訓に再度起業することは十分可能であることも併せて伝えたい。

[2] ダーウィンの海

サービス展開に必要な生産設備や販売体制を構築する間に、多くの競合が現れ、その中で淘汰されてしまう現象である。また、サービスが時代を先取りしすぎて、需要を得られない（有用性の認知が追いつかない）こともある。

サービス自体は世に出ているので、アイデアは市場にさらされることになる。そのため、何らかのきっかけで、社会的に需要が喚起されそうになったタイミングで、大手企業が大資本でそのサービスを展開し、マーケットを席巻してしまうこともある。

こうした事例には枚挙にいとまがなく、近年のSNS系のサービスでは同様の例が山ほどある。古くさかのぼれば、電気自動車もその例に挙げられる。実は、世界初の電気自動車は1873年にイギリスで製作されている。国内でも1990年代に複数のメーカーから発売されている。その当時は、まだ石油燃料の枯渇や環境保護への危機感がさほど広がっておらず、またインフラも整っていなかったため、需要を得ることができなかった。

[3] 魔の川

さらに、研究開発型のスタートアップ企業であれば、「魔の川」と呼ばれる壁が最初に立ちはだかる。基礎研究の成果がいくら素晴らしいものであっても、具体的なプロダクト化にたどり着かなかった場合には、それまでのコストがまさに水のように流れて回収できず、次の展開に進めない、あるいは倒産してしまう現象だ。

魔の川も合わせると、一般的にスタートアップ企業には三つの壁が存在するわけだが、現実には、どのような形態・産業の組織であっても、日常的に、かつ、じわじわと立ちはだかってくる大きな壁が連続して存在する。しかも、スタートアップ企業の特徴の一つである「成長性」が高ければ高いほど、その壁は早く現れるという特徴がある。

2 組織成長の型

組織がどのように発展・成長していくかについては、いくつもの研究があり、大きくは二つに大別できる。一つは、組織の成長を経済的な発展と捉え、組織や人材をその生産資源とみなす考え方である。もう一つは、成長そのものと企業組織の内的要因に着目するものである。

前者の研究は、Penrose（1959）に代表される。Penrose は社会の経済全体と企業成長がどのような関係性を持つのかを明らかにした。後者の代表は Greiner（1972）である。組織がどのような要因で成長し、また、どのような要因で停滞してしまうのかを整理している。

本書は、スタートアップ企業の人事戦略にフォーカスした書であるため、後者の Greiner が表したモデル（以下、「グレイナーモデル」と称する）を中心に説明していく。

[1] グレイナーモデルとは

グレイナーは、組織成長モデルの必須条件として以下の五つの次元を用いた。

❶組織の年齢　❷組織の規模　❸進化（成長）の段階
❹革命（停滞）の段階　❺産業の成長率

これらは、**[図表2-1]** のように一つに結合して表現されている。

グレイナーは、縦軸に組織の規模を、横軸に組織の年齢を表している。また、成長の度合いを「進化（Evolution）」と「革命（Revolution）」という言葉で表現している。以下では、より分かりやすく「進化→成長」「革命→停滞」とする。

このモデルを構成する五つの次元のポイントを説明すると、第1に時系列があり、組織が長期間同じ状態にはないということを示している点である。何らかのきっかけで成長したとしても、その成長の要因は長くは続かないということだ。具体的にどのような変遷をたどっていくかは後述する。

第2のポイントは、組織の規模である。グレイナーモデルでは売上や社員数を規模の指標としているが、明確に単一のものは定められていない。一般的な組織でもイメージしやすいのは、例えばマネジメント上の

図表2-1　グレイナーの組織進化のモデル

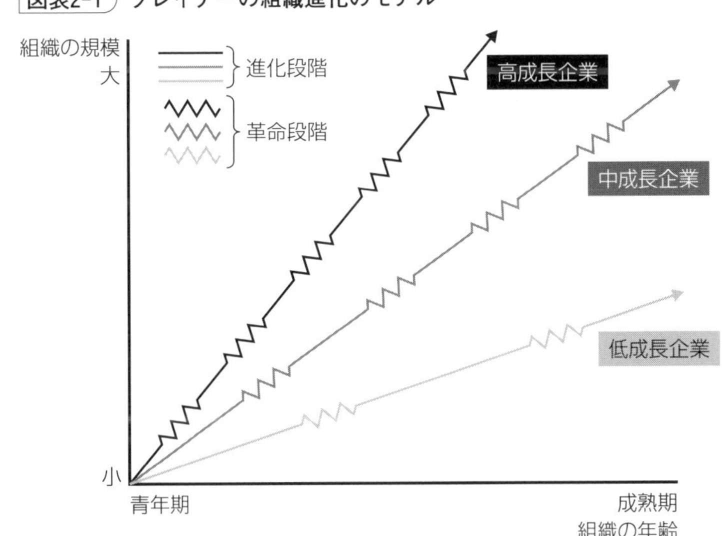

資料出所：Greiner, L. E.（1972）藤田昭雄訳（1979）「企業成長の“フシ”をどう乗り切るか」, Diamond Harvard Business Library, Jan-Feb, p.71

課題である。社員数が10人のときの組織体制やマネジメントスタイルと、200人のときのそれでは、まるで様相が異なる。10人のときと同じ手法でやろうとしても、うまくいくわけがない。つまり、経営者なりマネージャーなりが、組織規模に合わせて自身のマネジメントに対する考え方やスタイルのバージョンアップを図っていかねばならないのだ。

第3・第4のポイントは、成長の段階・停滞の段階があるということである。前者は平穏無事に成長する期間、後者はこれまでうまくいっていたことがうまくいかなくなる激動の期間を指している。グレイナーはこの停滞の期間にマネジメントスタイルを変化させられず、多くの企業が成長を止めてしまうと説いている。こちらも、一般企業においてイメージしやすいだろう。

第5のポイントは、産業の成長率である。グラフの成長角度は、その産業の環境や成長率にかなりの影響を受けるということだ。とりわけスタートアップ企業は、この成長角度が極めて高い。故に、何らかの要因で成長軌道に乗ったと思ったら、あっという間にその成長要因が効かなくなり、停滞を迎えてしまう。

以上がグレイナーモデルの特徴である。このように、組織は成長と停滞を繰り返すわけだが、どのような要因で成長を迎え、停滞を起こすのか。また、その停滞をどのようにして抜け出すのか。現実的にはこれらを理解し、実践することが重要である。

[2] 成長と停滞の５段階

前述の五つの次元を踏まえてグレイナーが示したのが、「成長の５段階モデル」である［図表2-2］。

各段階の成長は、前の段階の停滞を乗り越えた結果であり、また、同時に次の停滞の原因になっていることが分かる。では、具体的にはどのような問題が生じるのだろうか。

ここでは、以下の５段階のうち、スタートアップ企業で多く見られる

図表2-2　成長の５段階モデル

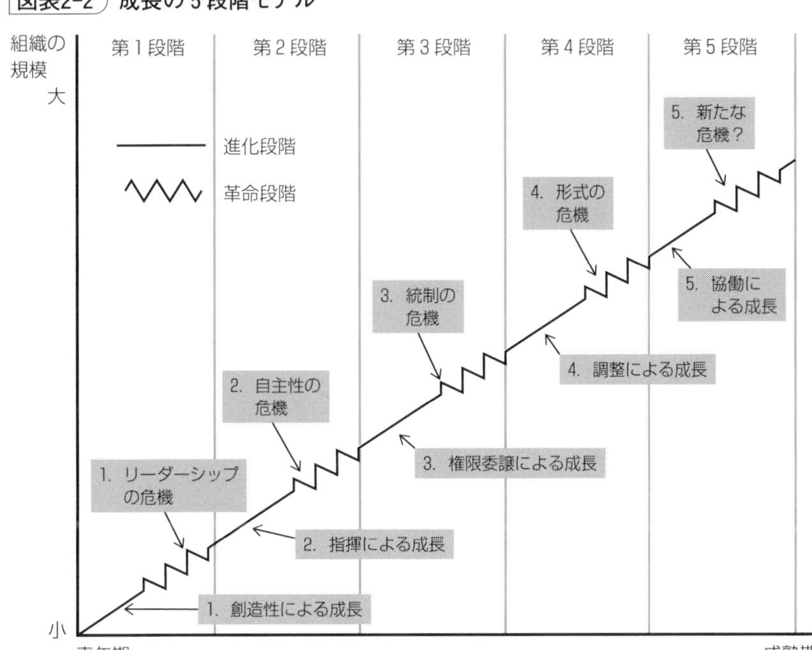

資料出所：Greiner, L. E. (1972) 藤田昭雄訳（1979)「企業成長の“フシ”をどう乗り切るか」, Diamond Harvard Business Library, Jan-Feb, p.73

第３段階までを中心に詳述する。

第１段階：創造性（Creativity）による成長とリーダーシップの危機（Leadership Crisis）

第２段階：指揮（Direction）による成長と自主性の危機（Autonomy Crisis）

第３段階：権限委譲（Delegation）による成長と統制の危機（Control Crisis）

第４段階：調整（Coordination）による成長と形式の危機（Red Tape

Crisis）
第５段階：協働（Collaboration）による成長と新たな危機（Growth Crisis）

（1）第１段階：創造性（Creativity）による成長とリーダーシップの危機（Leadership Crisis）

①創造性による成長

プロダクトやサービスの開発、初期PMFの達成に集中する段階であり、ファウンダー（創業者）はそれらに注力する。対して、社員のマネジメント等、内向きなマネジメント活動は、軽視される傾向にある。この段階でマーケットへ適合できなければ、あっという間に資金が底を突くからだ。

この段階の組織は、おおむね10人未満程度の少人数で構成されている。そのため、社員間のコミュニケーションはカジュアルに、そして頻繁に行われる。社員それぞれが何をしているかが互いに分かり、コミュニケーションにさほどストレスはない状態だ。

こうした濃密で小型の組織で、プロダクトやサービス開発に注力していくことによる成長が「創造性による成長」である。それによってさらに人員が必要になり、組織も拡大する。

②リーダーシップの危機

この拡大こそが、「リーダーシップの危機」の始まりである。拡大した組織では、何もない・何も決まっていないカオスな状態から在籍している社員と、やや形ができてきた頃に加入した社員とが混在する。組織やプロダクトがここまで至った軌跡が事細かくマニュアル化されていることは稀（まれ）であり、「知っている人」と「知らない人」とが一緒に業務に当たることになる。

こうした状態では、形式にとらわれないカジュアルなコミュニケーションのみでは、知見に差異がありすぎるため、情報共有もままならなくなり、情報格差が発生する。

当然、一般的な企業にあるような会議体やコミュニケーション手法が必要になるが、ファウンダーないし経営陣は、その設計に前向きにならない。これまでどおりのカジュアルで非公式なコミュニケーション方法を採ろうとする。そのため、社内では相互に意思疎通が取りづらくなり、事業活動の停滞が起こる。一体、誰が何をすればよいのか？　ＡとＢではどちらを優先するのか？　こうしたことは誰が決めるのか？　課題解決にどのくらいお金をかけていいのか？――など、本来は何のストレスもなく進む日常業務で逐一手が止まってしまうのだ。

機能不全に陥った社内では対立が生まれやすくなり、事業活動はさらに停滞し始める。これがリーダーシップの危機だ。

実際には、こうした状態になると社員も不満の声を上げたり離職したりするので、異常に気がつかないことは少ない。では、そうした状態になっても、なぜ、ファウンダーらは内的なマネジメントに積極的にならないのか。それは、彼らは組織や人材のマネジメントをしたくて起業したわけではないからだ。社会のペイン（悩みや課題）を解消したい、こうしたサービスがあれば面白い、といった動機で起業する人々が多いのが実情だ。この第１段階は、そうした起業家の思いがプロダクト・サービスの形になった段階であり、それを実際に使ってくれるユーザーがいる。そのユーザーからのフィードバックでプロダクトはさらに改良される。こんなに面白く夢中になれる状態はないのである。

③現代のスタートアップ企業における危機

さて、現代のスタートアップ企業はどうかというと、ここまで極端な危機・停滞は見られない。それは、グレイナーの時代にはなかった、起業における情報量とコミュニケーション手段があるからだ。

現代は、VC が主催する起業家向けの勉強会も多数存在するし、起業経験者の失敗談などの情報も多く入手できる。また、組織マネジメントについても、1 on 1 などのコミュニケーション手法に関するノウハウが多く広まっている。そうした失敗談や手法の情報から、多くのファウンダーは当初から組織マネジメントに備える傾向がある。筆者のクライアントの半分はスタートアップ企業であるが、そのうち半数は社員数が少ないこの第1段階から組織マネジメントに関心を寄せていた。

コミュニケーション手段も、現代はメールやビジネスチャットといったテキスト情報に加え、Zoom や Teams といったツールを使った Web 会議も当たり前に行われる。つまり、1対 n での情報発信も、n から n への情報の共有・集約も容易になっているのだ。グレイナーの時代と比して、リーダーシップの欠如もコミュニケーションの難儀さもそれほどではない。

なお、Google Workspace などの情報蓄積ツール、Slack や Chatwork などの情報共有ツールは、今日では創業と同時に導入されていることがほとんどであり、社内情報の把握・共有に困ることはさほどないだろう。ただし、こうした情報やツールがあっても、ファウンダーのパーソナリティとして、コミュニケーションを断固として嫌う場合もあり、その場合は50年前と何ら変わらない危機・停滞がある。

現代のリーダーシップの危機の特徴は、“スピード”にある。現代のスタートアップ企業を眺めると、Web サービスを用いたビジネスモデルがかなりの比率を占めていることが分かる。Web サービスは、原則として地域に縛られない。そのため、良い事業であればあるほど、市場に認知され、受け入れられて成長するスピードが速いのだ。故に、さまざまな起業に関する情報を有し、組織マネジメントに関する心の備えがあったとしても、ファウンダーが変容できる期間が十分にないのだ。サービスは瞬く間に成長するが、人はそんなに早くは変容できない。これが現代のリーダーシップの危機の特徴といえる。

抽象度を高めた言い方をすると、「起業家から事業家へのマインドチェンジ」が必要だともいえる。起業家とは、ファウンダーであり、いわゆる「０から１を生み出すこと」が得意なパーソナリティである。対して、事業家とは「１を10に発展させること」が得意なパーソナリティである。

④危機・停滞の乗り越え方

この危機・停滞をどう乗り越えるかについて、グレイナーはファウンダーに気に入られ、同時に組織を協調させる有能なビジネスマネージャーを置く必要があると主張している。今でいうところのCOOや執行役員、有能な部門長といったところであろう。この点については現代でも同様であり、創業時からマネジメントチームを整えて臨むケースも珍しくない。

(2) 第２段階：指揮（Direction）による成長と自主性の危機（Autonomy Crisis）

①指揮による成長

ファウンダーが事業家へのマインドチェンジに成功したり、有能なマネージャーを置いたりすることで「リーダーシップの危機」を生き残った企業は、その確立された指揮命令系統でさらなる成長期へと入っていく。

誰が何をするかといった役割分担や優先すべき課題が明確になったり、それらの決定や共有のための会議体が、ファウンダーや経営層によって整備されたりすることで、俄然（がぜん）働きやすくなるのだ。

また、機能別組織による分業体制が確立され始めるのもこの段階である。この機能別分業体制も、成長を加速させる要因となる。プロダクト開発部、マーケティング部といった、それぞれの専門組織には、事業上の目標や何を専門的に解決するかといった公式な決めごとがなされる。

今までは、全員でユーザー獲得を喜び、全員でユーザーからのフィードバックを検討し、と全員一丸となって進めていたものを、それぞれの領域で専門性を高めて課題解決に当たることになる。

こうした専門分野は「部」「チーム」といった機能組織となり、その部門を率いるマネージャーが配置される。マネージャーが配置されることで、組織には、経営層－マネジメント層－一般職層といった階層ができ、コミュニケーションは一層フォーマルなものになる。経営会議、マネージャー会議などは、どこの職場にも存在するのではないだろうか。そうした同一階層で共通の課題を話し合うことは、組織を円滑にマネジメントする上で効率的だからだ。

②自主性の危機

実は、この組織体制こそが自主性の危機の始まりである。専門化および階層化によって、マネージャーや一般の従業員は、創業者やトップレベルのマネージャーよりもマーケットやプロダクトについて詳細な知識を持つことになる。その結果、稟議（りんぎ）申請などの組織コミュニケーション上の階層手続きに則（のっと）った意思決定に、煩わしさを感じるようになる。

ことに、事業成長による組織成長のスピードが速いと、職務権限規定や決裁基準表などのアップデート・改定が追いつかず、形骸化しやすい。そうすると、「自分はこの課題に関して、明確にベストな解決案を持っているが、なぜお伺いを立てねばならないのだろう？　誰に稟議申請しなければいけないかもよく分からないのに」といったさらなる不満が発生する。

「自分のほうが既に詳しくなった」と感じている心理状態で、「自分よりも詳しくない」と思っている人にお伺いを立てるのは、「無駄なこと」として認知されやすい。これが「自主性の危機」の始まりである。

こうした葛藤は、一般企業にもあり得ることで、目新しいものではないだろう。それぞれの役割を全うする上で、お伺いを立てるための稟議申請が必要な場合もある。しかし、ここはスタートアップ企業である。世にない新たなプロダクト・サービスを打ち出し、マーケットを形成していくチャレンジをしている企業なのだ。もたもたしていることはできない。

また、スタートアップ企業には、自らが手触り感をもって事業を進めたいと思って転職してくる人も多い。そんな人たちにしてみれば、こうした手続き重視のオペレーションは、何のために転職してきたのかといった想いが膨らみ、モチベーションが弱まることにもつながってしまうのだ。

③自主性の危機を打破する難しさ

この自主性の危機を打破するために、多くの企業は権限委譲を進めようとする。しかし、ほとんどの場合、すんなりとは進まない。それは「アンラーニングの難儀さ」と「不慣れ」が原因である。

「アンラーニングの難儀さ」とは、強烈な成功体験を捨て去るのが難しいということである。ファウンダーは、自らのビジネスアイデアを試したくて起業したわけであるが、そのアイデアが良ければ良いほど、皮肉にも自らマネジメントに携わることが求められるジレンマに陥った。そのジレンマを苦労して乗り越えて、組織をさらに成長させてきたわけである。

しかも、この成長は「指揮による成長」でもたらされたものである。自らの差配によって事業も組織も成長してきたのだ。もしかしたら死の谷に陥ってしまう苦難もあったかもしれない。ダーウィンの海に飲み込まれる恐怖もあったかもしれない。そうしたことも、自らの差配で乗り越えてきたのだ。

もちろん、経営陣やVC、社外取締役など多くの相談相手は存在していて、活用もしている。だからといって、両肩にかかるプレッシャーが消えるわけではない。そうしたことをかいくぐって成長させてきて、はいそうですかと他者にそのバトンを渡せるかといえば、そう簡単にはできないのだ。普通の成功体験とは異なる強烈な成功体験が権限委譲の邪魔をしてしまう。ここでも、その成功が強烈であればあるほど、委譲を進めるのが難しいことはジレンマと呼べるものだろう。

二つ目の「不慣れ」とは、権限を渡す側のファウンダーも、受け取る側のマネージャーも慣れていないということである。

ファウンダーが過去に企業経営の経験がある、あるいは組織と人員のマネジメントに従事してきたベテランかといえば、必ずしもそうではない。むしろ経験者は少ないだろう。マネージャーもしかりで、初期のスタートアップ企業におけるマネージャーが過去にマネジメントを経験してきた熟達者であるかといわれれば、必ずしもそうではない。その企業で初めてマネージャーになる人も多い。初めて権限を渡す人と、初めて権限を受け取る人が、今までにない事業に向き合って組織運営しているわけである。うまくいく道理がないのだ。

また、頭では分かっているが、進め方が「不慣れ」ということもある。今日、スタートアップ企業の間では、組織マネジメントに関してもさまざまな情報が広まっており、権限の委譲が必要だということ、それができずに組織が崩壊したという失敗談なども多く見かける。そうすると、頭では「権限委譲が必要なのか。当社もそのタイミングだな」となり、進めるきっかけができる。

そして、「今期から大幅に権限委譲を進める。今までCEOが決定していた××は…」といったことが突然行われるのだ。

しかし、実際に権限委譲されてすぐに円滑に物事が進むかといえば、必ずしもそうはいかない。「相談」という名の「お伺い」が発生するのである。マネージャーとしては、いきなり任されたものの経験がない。どういった観点で、あるいはどういった基準でファウンダーや経営層が判断していたのか確認したいのだ。

また、果敢に判断を進めてみて失敗してしまうこともある。そうなるとファウンダーらとしては、「いつまでも相談がくるし、うちのマネージャーにはまだ荷が勝ちすぎるのではないか。失敗もあった。やはり自分がやらねば」と旧体制に戻る理由ができてしまうのだ。

グレイナーはこの期間にまごつき（flounder）があるとしている。指揮命令系統が旧体制に戻ってしまった組織に幻滅した社員は会社を去っていくこともある。

グレイナーは直接的にその解決方法に言及していないが、その論の中で次の第３段階の初めに「分権化組織構造」について触れていることから、権限委譲と指揮命令の繰り返しを経つつも、ある種の権限を持った組織構造に至ることを解決方法としているものと推測できる。

④現代のスタートアップ企業における危機の乗り越え方

現代において、実際に自主性の危機を乗り越えるにはどうすべきか。現代のスタートアップ企業においても、グレイナーの時代と同様に、権限委譲と指揮命令の繰り返しを経ることでマネージャーが権限を持つようになるケースをよく見かける。

しかし、このやり方はかなりの時間を要することから、現代の環境変化の早さには適さない。よりスマートな進め方としては、対話を通じてこの状況を全員で共有し、何が必要なのかを話し合っていくことが挙げられる。具体的には、「宣言と実験」により、以下のように進めていく。

- 今、自分たちの組織が「うまくいっていない」状態であることを宣言し、共有する
- この状況をそれぞれがどう考えているのか、赤裸々に可視化する
- その上で、今後何が必要なのか、具体的にどうしていくかを関係者全員で話し合う

● どのような方法であっても、必ずうまくいくという保証はなく、実験的に行うことを共有する

ただし、誰が何をするといった具体的な方法論に関しては、各企業が置かれている状況により全く異なる。例えば、前述の「宣言」であれば、必ずしもファウンダーが行うとは限らない。実質的にオペレーションを取り仕切っているCOOが存在すれば、COOが行ったほうがよいだろうし、マネージャー陣が合議でオペレーションを決めていれば、マネージャー陣が行ったほうがよいだろう。対話を取り仕切るファシリテーターも、社内だけとは限らない。社内でそうした役目を暗黙的に担っている人がいて、円滑に行えていれば、その人が行うことに違和感もないだろうが、一触即発、喧々諤々（けんけんがくがく）と議論するような文化であれば、外部の有識者に依頼したほうがよいかもしれない。

その企業組織の状態や文化、対話を進める能力によって具体的な運用方法は異なる。

(3) 第3段階：権限委譲（Delegation）による成長と統制の危機（Control Crisis）

①権限委譲による成長

権限委譲がうまく進むと、組織は新たな成長段階に入る。それぞれの部門のマネージャーは大きな権限を持ち、所管する組織のミッションを遂行していく。また、事業部門のマネージャーは、ユーザーの動向やフィードバックに対して、組織が迅速に反応できるようにマネジメントしていく。その結果、プロダクトのバージョンアップや新たな機能開発に素早く展開することが可能となる。

一方、経営層は、異なる役割にシフトしていく。その思考はより中長期的になり、どうやってこの事業を推し進めようかという事業戦略か

ら、どの事業にどう投資を進めるか、数年後は誰に何を任せるか、といった経営戦略にシフトしていく。

②統制の危機

権限委譲が進むことで、おのずと、ファウンダーや経営層から現場へのコミュニケーションは減少していく。もちろん、重要な意思決定は、経営層へエスカレーションされていくが、その上申に至った背景・文脈の理解度は旧体制の時と同じようにはならない。グレイナーいわく、その結果、彼らは自分たちが経験してきていない、または規定にない例外となる意思決定を嫌っていく。

現場のマネージャー陣も、その権限で自組織の個別最適を進める傾向がある。それは時に、自分たちの組織の資源の囲い込みになる場合もあり、いわゆるセクショナリズムが発生する。

また、隣接した部署で、ともに同じようなアクションをしていることもある。同じようなマニュアルを作っていたり、同じような研修を企画運営していたりするのである。個別最適を求める結果、それらは共有されず、各組織単位で独自に進められてしまうのだ。

これらは会社全体で見れば非効率であり、経営層はそれらに対して何らか統制をとりたいと考える。これが「統制の危機」の始まりである。

グレイナーは、経営層がその統制を図ろうとしても、多くの場合は、組織運営が既に複雑で広くなっているため失敗すると主張している。その一方、発展する会社は、独自の統制・調整の方法を持つことで、次なる成長の段階に進むとしている。

③現代のスタートアップ企業における危機

現代のスタートアップ企業においてはどうか。今日は、前述のさまざまなマネジメントに関する情報流通に加えて、マネジメントに有用なツールも豊富になった。IPO を目指す体制を早期から敷いている企業では、監査役や監査法人、証券会社や社外取締役からも有用なアドバイスがもらえる。具体的には、会議体の設計や、効果的な統制組織の設置（経営企画室等）、マネジメントのノウハウと、有形無形の援助がある。

一般企業ならいざ知らず、現代のスタートアップ企業においては、ここでいう例外管理を嫌う傾向や非効率な運営はさほど見られない。しかし、自部門のミッションを遂行しようとするあまりの個別最適は、筆者が知る限り、どの企業でも多少は確認できる。

(4) 第４段階：調整（Coordination）による成長と形式の危機（Red Tape Crisis）

成長の５段階モデルに示したうち、第４段階以降の現象は、スタートアップ企業、少なくともIPO前の段階では、さほど確認できない。このためここでは、第４段階まで参考程度に記載しておく。

ここでいう調整とは、予算や人事評価等の厳格で明確な管理プロセス、あるいは管理組織の導入を指す。プロダクトごとの予算・投資統制や、効果的な資源配分によって、組織は効率的な運営ができるようになり、新たな成長段階に入る。また、それらの業務を行う組織・スタッフが設置される。これが「調整による成長」である。

この新たな調整システムは、個別最適を排除し、全社最適を実現することが目的である。よって、調整による成長が続くと、現場のマネージャーとの対立がしばしば生じる。管理組織のスタッフは、現場マネージャーに全社最適の目線を求めるが、権限を持っている現場のマネージャーは本社のスタッフに対して、自組織で行っていることの正当性や、さらなる資源配分を要求するからだ。こうした対立構造は、スタートアップ企業に限らず、一般的な企業でも珍しくないだろう。

そのうち、対立していた当事者たちは、そろってこの全社の統制システムを非難し始める。成長を促した調整は形式的なものに変化し、その意義は薄まっていき、本来の目的を果たせなくなってしまう。これが「形式の危機」の始まりである。

この形式の危機を乗り越えられるのは、組織の個人間の強い協働であるとグレイナーは主張している。自分たちの目的は何だったのか、何を成し遂げたかったのか、といった原初の目的を再度確認するような、部門を超えたプロジェクトや、マトリクス組織の導入が進められる。

複雑化したシステムは単純化され、チームワークの促進も図られる。そのほか、マネージャーに対する人間関係構築トレーニングの導入や、報酬システムの基準が個人目標の達成からチームでの達成成果へ移行するなど、組織のソフト面・ハード面ともに変革がなされる段階でもある。

いわゆる組織開発と呼ばれる取り組みであり、硬直化した組織をより柔軟な組織へ移行していく取り組みともいえる。

3　その他の組織成長のモデル

グレイナーモデルは直感的に分かりやすい反面、不明な点も多い。例えば、前掲の［**図表2-1**］に示したグラフ縦軸の「組織の規模」は、売上なのか組織人員数なのかなど、その単位は明らかにされていない。また、創業メンバー間の関係性など、実際は発生しやすい人間関係に起因するような問題についても言及されていない。

そうした点を考慮すると、この成長モデルに依拠して人事戦略を検討してよいのかといった疑念も生ずるだろう。しかし、いくつかの他の組織成長モデルと比較してみると、その心配は杞憂（きゆう）であることが分かる。

Timmons（1994）や Flamholtz ＝ Randle（2000）といった研究者も組織成長モデルを表しているが、成長と停滞が交互に訪れる特徴や、それぞれの段階で対処すべき問題が異なること、またそれらの問題の内容も、グレイナーが示したものとほぼ同様のものであった。

Flamholtz らは、組織の成長に応じて注力しなければならない課題があるにもかかわらず、実際の開発行動が異なることが問題を生じさせる

図表2-3 Flamholtz ＝ Randle の成長モデル

成長段階	ニューベンチャーの創設	事業拡大	プロフェッショナリゼーション	コンソリデーション
成長における重要開発分野	市場と製品	資源とオペレーション・システム	マネジメント・システム	企業文化
組織の概算規模（売上）：メーカー	100万ドル以下	100万～1000万ドル	1000万～1億ドル	1億～5億ドル
組織の概算規模（売上）：サービス会社	30万ドル以下	30万～330万ドル	330万～3300万ドル	3300万ドル～1億6700万ドル

資料出所：Flamholtz, E. G. & Randle, Y. (2000) *Growing Pains: Transitioning from an Entrepreneurship to a Professionally Managed Firm.*（加藤隆哉監訳（2001）『アントレプレナーマネジメント・ブック―MBA で教える成長の戦略的マネジメント』, ダイヤモンド社, p.41）

としている［図表2-3］。

例えば、成長段階が「事業拡大」であれば、キーとなる人材の獲得や社内のオペレーションシステムを確固たるものにすることに注力しなければならないのに、それらには目もくれず新たなプロダクトやサービス、新規市場の開発に注力している、といった現象である[5]。

なお、Timmons や Flamholtz らは、グレイナーと同様、人間関係に起因する問題については言及していない。

4 人事戦略の必要性

本章1で説明した、死の谷・ダーウィンの海・魔の川などの障壁は、主として財務戦略・競争戦略の範疇（はんちゅう）で解決すべき事象であるが、これに対しグレイナーモデルが示す障壁は、組織戦略・人事戦略で解決すべ

5 両者の比較については、高島克史（2009）「ベンチャー企業の成長モデルに関する考察―Greiner の説をもとにして」, 人文社会論叢 社会科学篇（21）, pp.79-94に依拠している。

きものといえる。

2では、グレイナーモデルが示唆する停滞に際してファウンダーがマネジメントスタイルを変えていくことが必要だと説明した。第１段階の「リーダーシップの危機」では、新たなサービス・プロダクトを確立させる「起業家」から、事業として継続成長させる「事業家」への変化、同様に、第２段階の「自主性の危機」では、「事業家」から事業を推し進める組織そのものを継続成長させる「経営者」へのマインドチェンジが必要だ。

このようなマネジメントスタイルの変化を起こすには、ファウンダーらが自然とその変化が必要だと気づく、あるいは変容していくのを待っているのでは当然不十分である。時代の変化や、後から現れる競合の台頭に対応していけないからだ。そこには、人事としての意図的な取り組みが必要となる。こうした役割を担うのは、一般的にはCoE[6]やHRBP[7]と呼ばれる、全体の制度・システムの設計と実行をつかさどる役割であるが、実態として、第１段階・第２段階において人事へ資源配分されるのは、極めて限定的な機能に対してのみである。そのほとんどが採用一色であり、よくて報酬・労務管理が付くぐらいである［**図表2-4**］。

誤解されたくないのは、採用に注力することを否定しているわけではないということだ。PMFの達成を急ぐことや、次の資金調達のために一定の事業成果を出す必要性を考えれば、採用に注力することは、決しておかしなことではない。

問題は、次の理解と対策がないことである。

- 種々の組織成長の危機があるということ
- その打破がマネジメントスタイルの変更にあること
- マネジメントスタイルの変更には多角的な取り組みが必要であり、それには時間投資も含め一定の投資が必要であること

6　CoE = Center of Expertiseの略。専門性を蓄積・発揮し、人事戦略に即した制度・システムの企画・設計・構築を担う役割。

7　HRBP = Human Resource Business Partnerの略。事業部門が抱える課題を把握し、人事施策の側面から解決を支援する役割。

図表2-4　人事機能の実態

会社名		L社	R社	U社	M社	H社
業　種		SaaS プロダクト	マーケティング コンサルティング	SaaS プロダクト	CX プロダクト	SaaS プロダクト
成長の段階		自主性の危機	自主性の危機	指揮による 成長	指揮による 成長	リーダーシップ の危機
社員数規模		150～200人	50～100人	30～50人	30～50人	10～30人
人事機能と規模（人）	採　用	2	2	1	0.3	1
	給与労務	0.5	0.5	0.5	0.2	—
	その他の人事機能	—	—	—	—	—

［注］ 2020年に筆者が代表を務める企業の顧客であったスタートアップ企業のうち、5社の実態を表したもの。

また、グレイナー、Timmons、Flamholtzらのモデルでは、ファウンダー間の争いなどの人間関係に起因する問題には触れていないが、実際のところ、そうした話は枚挙にいとまがないほど耳にする。これは一般企業でも同様であろう。成長が速く、前例がないことに取り組むスタートアップ企業においては、人間関係に起因する無駄なタイムロスを防止することが必要不可欠である。

資金と時間に制限があるスタートアップ企業でこうした問題に迅速に対応していくためには、人事の意図的な取り組みが必要となる。前述のように、スタートアップ企業では、人事専任スタッフなど望むべくもない。だからこそ、何に注力して何を捨てるのかといった人事戦略が欠かせない要素となるのだ。

第3章

事業戦略と人事戦略

本章のポイント

①スタートアップ企業で従来の HRM ではダメな理由
②タレントマネジメントの全体像の理解
③タレントマネジメントの各要素の関係性

1 戦略の整理―人事戦略とは何か―

本書は、スタートアップ企業の人事戦略を解説するものであるが、そもそも戦略とは何かという定義を明らかにしておきたい。といっても、戦略という言葉の起源や、学術的な根拠などを解説し始めると、それだけで分量がかさんでしまうので、本書ではごく簡単な整理をしておく。

[1] 戦略とは何か

戦略の意味を示すさまざまな表現があるが、ここでは「**何をして何をしないかを定めることで、資源の傾斜配分を行うこと**」とする。これは、スポーツの試合で考えると分かりやすい。例えば野球の守備だ。過去には、読売ジャイアンツに在籍した王貞治選手（現・福岡ソフトバンクホークス取締役会長。本塁打の世界記録保持者）をターゲットとした「王シフト」というものが存在した。王選手はライト方向の打球が多いという特徴から、守備を極端にライト方向に寄せたのである。当然、レフト方向は手薄になり、万が一そちらに打たれたら、通常はアウトになる打球でもヒットになってしまう。ライト方向に集中して、レフト方向を捨てたわけだ。

サッカーでも同様だ。バックスを４～５人にして守りを固めれば、当然、攻撃に割ける人員は少なくなる。

このように、戦略とは、資源に限りがある中で、何かを捨て何かに集中することで強みをつくるということだ。

[2] 各戦略の体系

企業組織では以下のような戦略体系がある［**図表3-1**］。

経営戦略：

- ミッションに基づき、どのような事業を行うか
- どの事業にどのくらい経営資源を配分するか
- 誰にどの領域を任せるか

事業戦略：

- 事業成長に向けて、どの分野・機能に資源配分するか
- 何で競合に打ち勝つのか

機能戦略：

- 営業戦略、マーケティング戦略など、事業戦略に基づいた機能別の戦略の総称
- それぞれの機能において、何に注力することで事業戦略の実行を確実にするか
- 規模によっては、「どのようにして実行するか」といった「戦術」レベルに近いこともある

この戦略の階層性から、上位戦略の理解度を高めなければ、自分が担当する領域の戦略を検討できないということが分かるだろう。事業戦略と担当領域の戦略は、常にアライメント（調整）が取れていないといけ

図表3-1　各戦略の関係

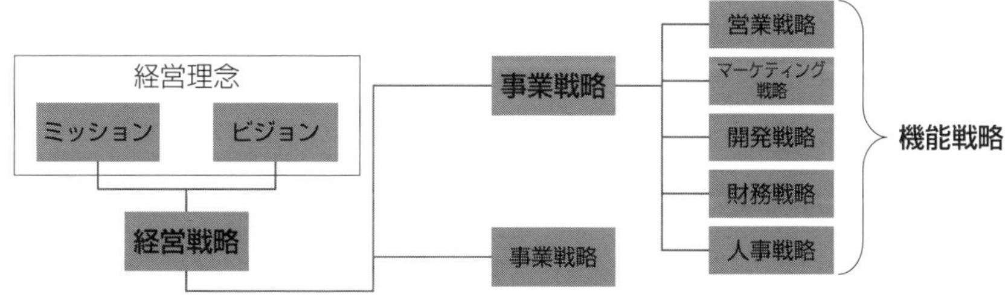

ない。これは事業戦略と人事戦略の関係性においても同様である。

例えば、事業戦略が「ユニークなサービスのブランディングで、富裕層をターゲットとし、他社が模倣できない参入障壁を構築する（＝富裕層以外は捨てる）」といったものであれば、富裕層へのアプローチに長けた人材の採用や接遇トレーニングに特化することが必要だ。間違っても、大衆販売のノウハウではない。人事評価のポイントにも工夫が必要だ。このように、事業戦略を確実に実行していくためには、それぞれの機能戦略が必要不可欠である。

[3] 人事戦略とは何か

上記の例のとおり、戦略の観点から整理すると、人事戦略とは「事業戦略を実行していくために、採用・育成・評価・報酬といった人事業務の各機能を事業戦略にフィットさせること」といえる。

別の例で改めて考えてみよう。事業戦略として、「新たなプロダクトに経営資源を集中投下し、一気呵成に開発してローンチする」ことを掲げたとする。

人事戦略としては、事業戦略実行のためにも大量にエンジニアが必要になるので、まずはエンジニア採用に注力することになる。明確な優先順位がつくので、場合によっては、各種制度改善等は後回しとなるかもしれない。

採用機能の中でも、他の職種の採用はストップとなるか、優先順位をかなり後ろにせざるを得なくなる。また、エンジニア採用に特化するため、選考フローの改良も必要になる。一般的な面接での選考ではなく、実際にコードを書いてもらう実技試験などが組み込まれ、逆に履歴書等の書類チェックは簡素になるかもしれない。

さらに、大量に採用したエンジニアを受け入れるに当たって、育成面でも工夫が必要になるだろう。育成チーム（あるいは育成担当者）は、エンジニアが集中作業を行うためにリモートワークが多くなることを見越して、個々人が自分のタイミングでオンボーディングプログラムに取り組めるように、オンボーディングに関する資料のほか、社内のガイダンスもマニュアル化するなどの改良が必要になる。エンジニアの受け入れに注力する分、他の階層への施策は少なくなるだろう。

このように、事業戦略を確実に履行できるように、注力する人事機能を選択し、さらに各機能の中でも選択と集中を進めることが、人事戦略である。

逆に、現状の人的資源・組織能力の観点から、実行できる戦略の幅を提言することも人事戦略といえる。先人の「組織は戦略に従う」「戦略は組織に従う」[1]との言からも、戦略と組織、組織を構成する人事は一体であることが分かる。

2　人事戦略の実行

[1] 普遍的なアプローチであるHRM

人事戦略は、実行を伴って初めて意味を成すことは明白である。人事戦略の実行に当たっては、従来のHRM（Human Resource Management）[2]のアプローチが一般的であろう。

HRMの考え方のベースは、社員のモチベーションを高めることで生産性や品質の向上につなげることであり、社員の能力の向上やコミットメントを主たる成果としている。このHRMの成果から、社員の幸福・組織の有効性・社会全体の繁栄といった長期的成果を生み出すことを志向している。

具体的にHRMを進める機能領域は、労使・株主等のステークホルダーのニーズと、経営戦略や社員の特性といった状況要因に鑑みて構成

1　「組織は戦略に従う」: Chandler（1962）*Strategy and Structure*.「戦略は組織に従う」: Ansoff（1979）*Strategic Management*.
2　一般的に用いられているハーバードモデルについて解説。

される。日本企業では、人的資源管理の一連の流れを、採用・育成・評価・報酬といった機能別に構成している例が多いだろう。HRM とは、労使の協調を図りながら、管理機能それぞれが、長期的視点に立って能力の向上およびコミットメントを目指すアプローチといえる。

[2] さらに戦略的なアプローチ

HRM のアプローチは分かりやすく、またその長期的志向から、それぞれの機能別のオペレーションが磨かれやすい。他方、各機能の硬直性が生じやすい面もあり、場合によっては人事戦略の実行を円滑に成し遂げられないことも少なくない。また、HRM の登場まで主流だった、人を労働力やコストと捉えて管理する PM（People Management：人事労務管理）よりは、事業戦略との整合性ははるかに強いとはいえ、事業環境の変化に対応するレベルの大掛かりな戦略の変更を実行するとなると、迅速性に欠けることは否めない。

一方で、HRM 施策と会社の業績との関係性はブラックボックスだともいわれ、より戦略的なアプローチが必要とも考えられてきた。後に登場した SHRM（Strategic HRM：戦略的人的資源管理）は、そのブラックボックスの解明が目的であるともいわれる。SHRM は、戦略が最上位に位置づけられ、戦略を達成するために HRM 施策がとられる[3]。

さまざまな環境変化にさらされながらも、自ら環境変化を起こす存在であるスタートアップ企業では、事業戦略を成し遂げるための人事戦略をいかに迅速に、そして確実に実行できるかが極めて重要であり、事業戦略と緊密に連携が取れる人事戦略の実行アプローチ、あるいは事業戦略と一体となった人事戦略のフレームが必要である。

---

3 石山・山下（2017）は、Becker and Huselid（2006）および岩出（2002）を援用し、SHRM の目的について言及している。

[3] 組織視点と個人視点

戦略の実行を最優先事項とするSHRM[4]は、その施策が組織視点からの一方通行に陥りがちで、個人が持つ能力やキャリア志向を捉えきれないという問題点もはらんでいる。つまり、個人視点から見れば、働く上でのニーズが十分に考慮されているとは言い難く、不満が生じやすい。

雇用形態も働き方も多様化が進んでいる現代の環境では、個人の状態やニーズを把握しきれないアプローチは、個々の人材を十分に活用できないばかりか、不満の蓄積を招き、離職につながることもある。離職とまでいかずとも、自立性・能動性を損なう可能性は高い。

スタートアップ企業では、組織規模も大きくないことから、活躍している個人の離職は、戦略の実行において致命的な遅れを生じさせる場合もある。また、自立性・能動性が損なわれた際のリカバリーは大きな時間損失につながる。個人の能力やキャリア志向、働くニーズを把握する必要性は一般企業に比べて一層高いといえ、人事戦略の実行においては、戦略的なアプローチに加えて、組織と個人双方の視点を併せ持つアプローチも必要である。

3 事業戦略と一体となった人事戦略フレーム

[1] タレントマネジメントアプローチ

では、どのようなアプローチが有効なのだろうか。必要なのは、事業戦略と人事戦略の一体化、そのフレームとして個々人を捉えられるアプローチである。

それを満たすのが「タレントマネジメント」という考え方だ。ここでいうタレントとは、メディア等に登場する芸能人を指す言葉ではなく、「才能」あるいは「才能を持った人」といった文字どおりの意味である。

4 SHRMにはいくつかの理論があり、必ずしもすべての理論で最優先事項とはされていない。

この「タレントマネジメント」という言葉が世に知られるきっかけになったのは、マッキンゼー社に在籍していたコンサルタント3人の著書『The War for Talent』だ。当該著書は、人材の獲得・育成のために何を行っていくべきかを明確に提言しており、「タレントマネジメント」という言葉を浸透させた。その浸透の根底には、前述のとおり、「経営者視点ではなく社員一人ひとりの視点で仕事を捉えることで、その人材の価値をどう高めていくか」という考え方の必要性が、環境の変化から必須となってきたことを、多くのビジネスパーソンが感じていたからではないかと筆者は考える。

そもそも、タレントマネジメントとは、事業の展開と人材を巡るどのようなマネジメントを意味するのか。実は現在も、「タレントマネジメント」を説明する統一された定義は存在していない。多くの研究者が、それぞれの視点から言語化を試みており、その表現は**［図表3-2］**に見るようにさまざまだ。

また、世界的な人材・組織開発団体であるATDおよびSHRM[5]は、タレントマネジメントを以下のように定義している。

■ ATDの定義

ビジネスゴールと整合性の取れたタレントの獲得や開発、配置のプロセスを通して、文化、エンゲージメント、ケイパビリティとキャパシティを構築することで、**組織に短期的および長期的な成果を実現する**、人的資本を最適化・最大化（Optimize）する総合的なアプローチ

■ SHRMの定義

現在および将来のビジネスニーズを満たすのに必要なスキルと才能

5　ATDおよびSHRMの正式名称は次のとおり。
ATD：Association for Talent Development　SHRM：Society for Human Resource Management

図表3-2　タレントマネジメントの定義

出　典	定義としている内容
Ashton and Morton（2005）	人材計画と事業計画の双方に対する、戦略的かつ包括的な取り組み。あるいは、組織の有効性を高めるための新たな方法。現在そして将来の組織に測定可能な違いをもたらすであろう人材のパフォーマンスや潜在能力を引き出す
Blass（2007）	（組織によってタレントマネジメントの具体的取り組みは異なるが、共通点は）組織が自らにとっての「タレント」とみなす人材に対して提供する、さらなるマネジメント、プロセス、機会である
Cappelli（2008）	組織目標（企業にとっては、利益を上げること）の達成を支援するために、人的資本のニーズを予測し、それを満たす計画を立案・実施すること
CIPD（2012）	組織にとって特に価値の高い人材（ハイポテンシャル人材、現時点でビジネスに不可欠な人材）の獲得・一体化（identification）・育成・エンゲージメント・定着・配置に関する体系的な取り組み
Collings and Mellahi（2009）	（戦略的なタレントマネジメントとは）組織の持続的競争優位に特に貢献するキーポジションの体系的な特定、それらポジションを充足し得る高い業績と潜在能力を持った人材プールの開発、人材の有効活用を可能にする差別化された人材アーキテクチャの構築、などの活動やプロセス
Lockwood（2006）	現在および将来のビジネスニーズを満たすために必要なスキルや適性を持つ人材を獲得・育成・活用するプロセスの改善を通して、職場の生産性向上を図ろうとする統合的な戦略、またはそのシステム

資料出所：柿沼英樹（2015）「企業におけるジャストインタイムの人材配置の管理手法の意義―人的資源管理論でのタレントマネジメント論の展開―」，經濟論叢189（2），pp.49-60から抜粋

を有する人材を惹(ひ)きつけ、育成し、維持し、活用するプロセスを改善することによって、**職場の生産性を向上させる**ようデザインされた統合的な戦略またはその推進

表現や捉えている側面に幾分かの違いはあるものの、いずれも、ビジネス＝事業と人事戦略がセットで考えられている。こうしたことから、タレントマネジメントでのアプローチにより、事業戦略と一体となって人事戦略を進められる可能性が高いことが分かる。なお、タレントマネ

ジメントは、HRM から SHRM へのパラダイムシフトを示す端的な概念とされ、人事戦略そのものではないが、次に示すフレームに依拠して考えることは、まさに事業戦略と人事戦略を一体として考えることである。

これらを踏まえ、本書では、タレントマネジメントの定義を「事業を成功させるための、人事・組織の包括的な取り組み」として進める。

[2] 具体的なフレーム

事業戦略と人事戦略との連動の下で、タレントマネジメントのアプローチを進めるには、具体的にどのようにすればよいのだろうか。実践用のガイドとして、その構図を分かりやすく示すため、以下では ATD のタレントマネジメントモデルを用いて説明する **[図表3-3]**。まず、こ

図表3-3 ATD のタレントマネジメントモデル

資料出所：ATD Press (2009) (2009年当時は ASTD Press) "The New Face of Talent Management" から筆者作成

のモデルについて解説しよう。

（1）全体像

このひし形のモデル（以下、「ひし形モデル」と呼ぶ）は、以下の四つのブロックで構成されている（どこから始めてもよいが、採用の要素を含む右下のブロックから説明したほうが分かりやすいため、右下の「組織能力の量」から説明する）。

- 組織能力の量（Capacity）
- 組織内能力の可能性（Capability）
- 組織の価値観・考え方（Culture）
- 組織の堅牢(けんろう)性（Engagement）

四つのブロックには、それぞれ三つの要素が内包されており、ブロックの角の要素には、二つのブロックの意図が重なる。例えば、ひし形モデル下部の「育成・開発・チームビルド・オンボード」の要素でいえば、「獲得した組織能力（Capacity）を、育成・開発、チーム化することによって、組織でできることの可能性（Capability）を増加させる」といったように、二つの意図を内包する。

なお、ひし形モデルは大きく捉えると、組織視点と個人視点で整理ができる **[図表3-4]**。図上部頂点の「組織がうまく回るように働き掛ける」の「うまく」とは、組織の“ありたい姿・考え方”に基づくものであり、組織が起点になる。なぜそのありたい姿・考え方なのかは、ミッションやパーパスといった経営理念に影響されるところも大きいが、ビジョンを実現するための戦略にフィットする価値観・考え方である必要がある。

図下部頂点の「育成・開発・チームビルド・オンボード」は、個人の発揮可能な能力をどう伸ばし、また伸ばせる環境をつくるかであり、個人が起点になる。この観点からも、ひし形モデルは、事業戦略と人事戦略を併せて捉えやすいモデルといえる。

図表3-4 タレントマネジメントモデルの組織視点と個人視点

価値観・考え方
組織の人材や
組織に対する
考え方

組織
視点

組織の堅牢性
重要な役割
の継続性
組織の機能性

組織がうまく
回るように
働き掛ける

昇進・降職
新たな挑戦
リテンション

後継者の定義
設定と育成

キャリア志向
の把握
新たな可能性
開発

Talent
Management

役割と
目標設定
環境づくり

能力の適切な
把握と評価
記録

組織人員
の獲得
主に採用

育成・開発
チームビルド
オンボード

今後発揮できる
組織能力の
可視化
組織内能力の可能性

個人
視点

成果を出せる
状態になっている
人員数
組織能力の量

(2) 組織能力の量 (Capacity)

組織能力の「量」は、成果を出せる状態になっている「人員数」を意味する。その取り組みは、次の三つの要素で構成される。

A：役割と目標設定・環境づくり (Performance Management)
B：組織人員の獲得〈主に採用〉(Acquisition)
C：育成・開発・チームビルド・オンボード
(Team and Individual Development)

これらの関係は、製造業における製品に例えると分かりやすい。

A：役割と目標設定・環境づくり…どこをターゲットに、どう他社と差別化する製品にするかの戦略

B：組織人員の獲得…そのために必要な原材料の輸入

Ｃ：育成・開発・チームビルド・オンボード…出荷できる製品に加工

このＡ・Ｂ・Ｃを経て、やっと製品として数えられる量（Capacity）になるというわけである。組織能力の視点でいえば、採用しただけでは"成果を出せる人員"としてカウントしないということになる。

この三つの関係性は、新卒社員でも中途入社社員でも同じである。新卒社員はもちろん、キャリアのある中途入社社員であっても、その組織のカルチャーや社内独自の用語、組織やサービスの歴史といった、スキルを発揮する上で必要な前提知識は、入社直後の時点では十分持ち合わせていない。パフォーマンスを出せる状態になるための"加工"（育成・オンボーディング）が必要なのである。また、その組織で指導役（チューターやメンター）となる社員、ロールモデルとなるような社員の有無もパフォーマンスの発揮を促す上での指標となり得る。

上記Ａ～Ｃを適切にマネジメントすることの重要性は、パフォーマンスを構成する要素からも明らかである［図表3-5］。パフォーマンスを構成する要素のうち、本人の能力（知識、態度、スキル）が占める割合

図表3-5　パフォーマンスを構成する要素

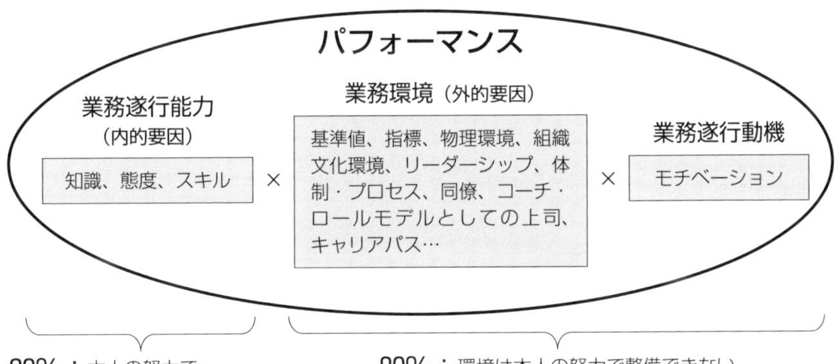

資料出所：株式会社インストラクショナルデザイン（2009）「インストラクショナルデザイン構築と効果測定」、「ASTD Global Network Japan HPI 研究会2013」を基に筆者作成

は20％程度しかない。残りの80％は、業務環境や業務を遂行する動機により形成される。よって、新卒社員と中途社員の違いは、図中の「内的要因」の高低にしかなく、外的要因に関しては、それぞれに適切な働き掛けの“セット”（オンボーディングやOJT等）が必要であることが分かる。

（3）組織内能力の可能性（Capability）

「組織内能力の可能性」は、今後発揮できる組織能力を可視化する取り組みを指す。次の三つの要素で構成される。

C：育成・開発・チームビルド・オンボード （Team and Individual Development） D：能力の適切な把握と評価、記録（Assessment） E：キャリア志向の把握、新たな可能性開発（Career Planning）

当たり前だが、組織人員の能力は一定ではない。成長もすれば、発揮されないうちに劣化することもある。また、能力の発揮は体調やプライベートの事情といった、その時のコンディションにも大きく影響される。つまり、入社時あるいは初期育成時に把握した能力は、常に一定ではないし、常に同じく発揮できるかは分からないということだ。

したがって、その組織メンバー全体として、何がどのくらい実行できるのか、発揮可能な組織内能力を常に把握しておかねば、立案する戦略を見誤ることにもつながる。この把握がD・Eの二つの要素である。

D：能力の適切な把握と評価、記録（Assessment）

前述のとおり、人の能力は変わり得る、という前提の下で、業務や役割のアサインをする場合、「今の能力を把握する」というアクションが必要となる。

こう書くと、当たり前のことを、わざわざ文字起こししただけのように見えるが、能力の把握には往々にしてさまざまなバイアスが働く。もちろん、こまめにコミュニケーションを取り、メンバーの現状を確実に把握している方もいるだろう。しかし、自身の思い込みや印象的な出来事などに影響され、そのバイアスに気づかずメンバーを把握しているつもりになっていることも少なくない。

また、業務目標の達成度合いから能力を把握する取り組みも広く行われているが、**［図表3-5］**に示したように、本人の能力は20％程度しかパフォーマンスに影響しないとされる点にも注意が必要だ。そして、目標達成度に基づく能力の把握は、多くの場合、人事評価のタイミングで行われるが、まず目標設定のレベルが適切であったか、という点に目を向ける必要がある。さらに、期末近くの出来事を重点的に捉えてしまう評価バイアスがしばしば生じることも知られており、被評価者の立場でそれを経験された人も多いだろう。

こうしたバイアスにとらわれずに、正しく能力を把握するためには「記録」が必要だ。今日、担当業務や評価、育成など個人単位の人事情報を記録・活用するためのさまざまなタレントマネジメントシステムがある[6]。そうした仰々しいものでなくとも、さらに手軽に活用できるWebツール等もあり、記録に困ることはないはずだ。

なお、ひし形モデルでは、組織内能力の可能性として、文字どおり「能力の把握」のみを取り上げているが、筆者としては、組織や個人のコンディションを付け加えることを強くお勧めする。

例えば、休職している社員を組織内能力としてどうカウントするのか、ということである。休職は極端な例であるが、家族の介護や子どもの受験などのライフイベントも考えられる。また、プライベート重視の働き方を望む社員も、この働き方改革のご時世では珍しくないはずだ。

6　本書でいうところの「タレントマネジメント」とは、必ずしも同じ意味ではない。

こうした“コンディション”や志向の個人差も能力発揮に少なからず影響する可能性がある。

個人と同様に、組織にもコンディションがある。人員は充足していても、組織として機能していない、一つになっていない、何かぎくしゃくしている、雰囲気が悪いなど、組織で働いたことがある人ならば、一度は経験したことがあるだろう。そうした組織のコンディションを把握するサービスやプロダクトも多く存在する。こうした外部の力を借りて、組織のコンディションも併せて把握しておくのが望ましい。

なお、個人や組織のコンディションは、社員が持つ三つの資本の観点から考えても、把握しておく必要があるといえる。その三つの資本とは、「人的資本」「社会関係資本」「心理的資本」である[7]。

①人的資本

- 従業員個人が持つ能力・知識・スキルなどの総称
- トレーニング等で育成・開発可能な資本

②社会関係資本

- 人と人との関係性に埋め込まれた資本
- 関係性構築に価値（資本）があるとする考え方
- 人的ネットワーク

③心理的資本

- 個人のポジティブな心理的発達状態
- 「自己効力感（やれる！という自信）」「現在・未来に対してのポジティブな帰属」「希望」「逆境に対してのしなやかなスタンス」の四つで構成される

①人的資本、②社会関係資本は、前項 **(2)**「組織能力の量」で触れた、

7 服部泰宏（2020）『組織行動論の考え方・使い方―良質のエビデンスを手にするために』，有斐閣，pp.155-168, Becker, G.S. (1967) “Human Capital and the Personal Distribution of Income: An Analytical Approach”, Institute of Public Administration.

「C：育成・開発・チームビルド・オンボード」を通して育成・開発可能な領域であり、チームビルディングが内包される理由がここにある。人的資本を磨いただけでは、組織の中でそれを発揮させ、組織内能力とすることは難しいのだ。

誤解してほしくないのは、組織や個人の現状を把握するのは、その現状に合わせて戦略を決めるためではない、ということだ。そうしたケースも皆無ではないが、多くの場合は、現状を把握し、戦略に対して不足している能力やその量をどう補うか、あるいは組織のコンディションをどう改善していくかといった、前を向くアクションに転換させるはずである。つまり、前項の「組織能力の量」を増やしていくということだ。このように、ひし形モデルでは、両隣りの“辺”が示す内容・取り組みが密接に関わり合うことも大きな特徴である。

E：キャリア志向の把握、新たな可能性開発（Career Planning）

「個人や組織が、何がどのくらいできるのか」を自転車の後輪だとすれば、舵(かじ)を切る自転車の前輪が「何をしたいのか、どうなっていきたいのか」というキャリア志向である。そして、「できること」と「やりたいこと」が一致すると、スムーズに行きたいところに進むことができる。しかし、「できること」と「やりたいこと」が、必ずしも一致しないことが、現実的には多いだろう。

ひと昔前は、「できること」で業務や役割を与えたり、それさえも無視した会社都合での配置をしたりすることが当たり前だった。しかし、生産年齢人口が減少をたどり、人材獲得競争が激化している今日は、以前より転職のハードルも低くなり、働き手は「やりたいこと」ができる企業に容易に転職してしまう。こうした「できること」と「やりたいこと」のギャップに、多くのマネージャーは頭を悩ませている。

「できること」を中心に業務の配置を考えるのが手堅く、リスクも低い。多くのマネージャーは、そう考える。しかし、本人が何をしたいのかを無視した配置では、人的資源を失ってしまうという新たなリスクが生じる。かといって、本人の「やりたいこと」だけで業務や役割の配置を決めることはできない。

大切なことは、能力も志向も、「現時点で双方が認知・把握していること」について本人と対話することだ。そして、その対話を常日頃から行っておくことだろう（昨今は、1on1というネーミングで紹介されているが、何のことはない、シンプルな上司とメンバーの対話である）。

その対話の中で、お互いが考えていることを相互に確認し、時間軸も踏まえてどう進めていくかを建設的に設計していくのだ。常日頃から話しておくと、環境変化があることも織り込んで話せるだろう。

また、この対話を重ねることで、本人のキャリア志向が変化することもある。自分自身の能力を客観的に捉え、何をしたいのかを定期的に考えることで、真に進みたい道が浮かび上がってくるのだ。それによって、当初は可能性が低かったポジションへの配置の可能性が見えてくる。マネージャーへのキャリアチェンジはその典型といえる。当初、マネジメント志向が低かった者が、対話を重ねるうちに自分の適性に気づき、マネージャーとしてのキャリアに関心を高めるのだ。

「E：キャリア志向の把握、新たな可能性開発」は、**［図表3-4］**で示した「組織軸」と「個人軸」が交差するポイントでもある。ひし形モデルでは、どちらを優先するとも言及していない。あくまでも把握することが重要であり、把握しないことには、タレントマネジメントの取り組みを建設的に進められないことを示唆している。

（4）組織の価値観・考え方（Culture）

「組織の価値観・考え方」は、組織の人材や組織に対する考え方を指す。構成する要素は次の三つである。

E：キャリア志向の把握、新たな可能性開発

(Career Planning, Career Development)
F：昇進・降職、新たな挑戦、リテンション（Retention）
G：組織がうまく回るように働き掛ける
(Organization Development)

組織内能力を把握・可視化した上で、それをどう活用するかが課題であり、そこで組織の価値観・考え方が問われる。つまり、何を尊び、何を優先するかである。キャリア形成は個人重視なのか組織重視なのか、どのような人物を重要視するのか、組織はどのようにあるべきなのか。これらをどう考え、定めるかのプロセスを経て、組織文化が形成される。

F：昇進・降職、新たな挑戦、リテンション（Retention）

いわゆる「人事」である。つまり、「ポジション」と「個人」のマッチングである。「ポジション」は、事業戦略から抽出され、「個人」は、組織内能力の可視化を経て抽出される。これらの突合の結果、マッチすれば社内での人事異動、マッチしなければ必要な人材を外部から調達（採用等）することになる［図表3-6］。実際には、完全にマッチしなくとも、何らかの調整を経て人事異動することも多いだろう。

皮肉めいたことを言うと、最も現実的に行われている人事は、これらの突合が全くなされずに、「何となく」決められているのではなかろうか。かつての長期安定成長の下では、「昨日正解だったことを正しく行う」ことが、最も効率が良いアクションであり、それに倣えば良しとされた。日本はこの長期安定成長の時代が長く、その時代に職能制や教育研修の発展があった。ゆえに、いまだにこの時代の影響が大きく、「何となく」決められる人事も散見される。

そうした価値観の中では、逐一、ポジションに必要な要件（知識・スキル・態度、実績・経験等）と個々人の情報を突合させていくやり方は、極めて非効率に映る。その結果、勘と経験と、「えいや」といった度胸で、

図表3-6　ポジションと個人の突合

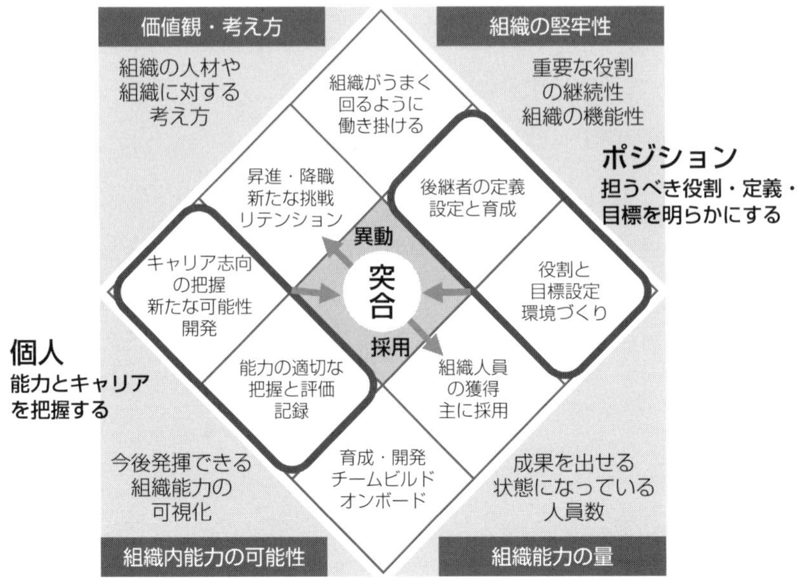

にべもなく決められる人事ができ上がるのだ。この「勘・経験・度胸」の人事は頭文字を取って“KKD 人事”と揶揄(やゆ)されることもある。

しかし、現代はほんの数年先もどうなるかが予測できない時代だ。そうした環境下で生き抜いていくためには、限りがある経営資源をどこに集中投下するかといった戦略を確実に実行できる組織体制を実現していかねばならず、「戦略に基づいたポジション」と「個人」の丁寧なマッチングが不可欠である。

突合の結果、マッチすれば人事異動となるわけだが、その際には、昇進もあればその逆（降職）もあろう。また、時には、将来の幹部たるタレントとみなす個々人に、必要な経験を積ませるための人事もあろう（それこそが中長期の経営戦略に基づいた人事戦略である）。こうしたマッチングは、そのタレントが外部に流出することを避ける「リテンション」策にもなり得る。いずれも、組織が個々人、および組織能力をどう活用するかの考え方に基づくものだ。

余談であるが、この「個々人および組織能力をどう活用するか」の考え方がブレているという組織への批判を耳にすることがある。経営者の立場に立つと、変化が激しい事業環境ではそれも致し方ないと一定の理解はしつつも、人材が流出してしまうことは本末転倒であり、避けるべきと考える。

G：組織がうまく回るように働き掛ける（Organization Development）

“Organization Development” は直訳すると「組織開発」だが、昨今は「組織開発」という言葉がさまざまな意味に使われる傾向がある。誤解を生みやすいため、ここでは「組織開発」が真に意味する「組織がうまく回るように働き掛ける」と定義した。この「うまく回るように」という部分を詳述する。

まず、何をもって「うまく」なのかといえば、事業戦略の速やかな履行がなされるということである。では、速やかに履行されるためには何が必要なのか。それは、その組織の存在目的・目標、必要な役割とそれを担当できる社員の存在である。

つまり、事業戦略が速やかに履行されるために必要なのは、「A：役割と目標設定・環境づくり」～「F：昇進・降職、新たな挑戦、リテンション」で進めてきた事柄であることが分かる。すると、なぜ、ここにきて「うまく回るように働き掛ける」必要があるのかといった疑問が生ずるはずだ。

それが組織の妙である。必要な要素がそろったのに、うまく機能しない。これは、組織で働いたことがある方なら、一度は経験することではないだろうか。感覚的にいえば、「何かうまくいっていない」「チームで何かするのが楽しくない」といったものだ。

具体例で考えてみよう。例えば、今期の組織の戦略と目標が「関東エリアの新規顧客に集中し、シェアを10%向上させる」と発表されたとする。文字で読むだけなら、誰にでも明らかな内容である。しかし、この戦略や目標に、全員が問題なく納得するかと言われれば、答えは否であろう。

昨期、関西エリアを担当し、良い成績を上げた社員は納得がいかないだろう。「自分があれだけ頑張ったのは何だったのだろうか？　関西エリアは重要ではないということなのだろうか？」と、このような思いを持ってしまうかもしれない。

また、関東エリアで毎期シェアを向上させてきた社員は、「自分の働きでは不十分ということなのか？」といった疑念を持ってしまうかもしれない。

はたまた、新規顧客に集中することに不満・不信を抱く社員もいるかもしれないし、そもそも、新規顧客担当のチームには欠員があり、「これから補充予定なのに、どうやって集中するのか？」といった思いを持つ社員もいるかもしれない。

もちろんすべて可能性の話であり、実際はそう思わないかもしれない。その時その時の個人やチームのコンディションにもよるだろう。しかしながら、「何かモヤモヤする」といった組織内の負の感情は誰しも一度や二度は経験しているはずだ。

このように、挙げればきりがないが、組織を構成する社員が、常に同じ思いと理解度を持つというのはあり得ない。それぞれがそれぞれの能力やキャリア観を持って仕事をしている。新しいチームを構成するとき、何か新しいことを掲げるとき、その変化が大きければ大きいほど、「組織がうまく回るように働き掛ける」必要が生ずるのだ。

この「働き掛け」には、対話が欠かせない要素となる。もちろん、トップダウンで進めていくことも可能だ。しかし、「うまく進める」ということは、「速やかさ」に加え、「事業戦略の確実な履行」も意味する。その確実性を高めるには、行動に少しの迷いもあってはならない。納得し、迷いなく真っすぐ進むためには、一方通行の指示ではなく、自らが考えることと他者が考えることをぶつけ合う、真剣な対話が必要なのだ。

そして、こうした「モヤモヤ」や「迷い」が具現化するときは、それまでだましだまし水面下に押しやってきたこと、見なかったことにしてきたこと、「蓋（ふた）をしたい臭い物」が、何かのきっかけで表面化する場合が多いものだ。なおのこと、上辺だけの話し合いではない、真剣な対話が必要になる。

対話を進めるに当たっては、外部のプロセスファシリテーターを入れて本格的に進めることもあるし、定量的な調査を行い、データ分析を交えて行う場合もある。筆者もこうした依頼を受け、外部の専門家として組織開発に携わっている。

本書は組織開発の専門書ではないので、簡単に説明するにとどめるが、事が大きいほど、対話から逃げることなく向き合ってほしい。

(5) 組織の堅牢性 (Engagement)

組織の堅牢性を支えるのは、重要な役割の継続性と組織の機能性だ。組織能力を獲得し、活用する道筋がつくれたならば、その組織をどう維持していくかが課題となる。このひし形モデルを示した原著で、この取り組みは「Engagement：エンゲージメント」と記されており、「結び付き」という意味を持つ。つまり、組織と個人の結び付きの強度による「組織の堅牢性」といえる。これは次の三つの要素で構成される。

G：組織がうまく回るように働き掛ける (Organization Development) H：後継者の定義・設定と育成 (Succession Planning) A：役割と目標設定・環境づくり (Performance Management)

「G：組織がうまく回るように働き掛ける」取り組みについて、前項**(4)**「組織の価値観・考え方」の説明では、組織の方向性や一体感といっ

た文脈で捉えたが、「組織の堅牢性」では、加えて、その組織の力をどれだけ維持・向上していけるかという点がポイントとなる。それを組織視点で具体的に見ていくと、「H：後継者の定義・設定と育成」と「A：役割と目標設定・環境づくり」に展開されていく。

H：後継者の定義・設定と育成（Succession Planning）

重要なポジションの後継者育成計画やそのアクション等を網羅して、「サクセッションプランニング」と呼ぶ。日本語では「後継者育成」と訳される。もともとは、ファミリービジネスでの跡取り問題で使われていた概念であった。それが転じて、主に企業の経営トップであるCEOの後継者を育成する計画と実行を指すようになった。必ずしも経営トップに限定されるわけではないが、一般的には、サクセッションプランニングといえば、経営トップの後継者育成と解される。

企業の前提は、将来にわたり存続し、事業を継続していくことであり、「ゴーイング・コンサーン（継続企業の前提）」と呼ばれる。つまり、事業のサービスを提供し続けられる組織体制も同様に前提条件となる。サクセッションプランニングの目的は、後継者を計画的に育成することで、重要なポジションに空白を生まないようにすることだ。

経営トップの育成は簡単ではなく、成長企業においては、どこでも悩みの種であろう。時間軸で考えても1年や2年といった短期間で賄えるものではない。しかし、事業環境の変化でCEOや他の経営幹部の強みが生かせなくなったりするときは、突然やってくる。健康面での急な辞任もよくある話だ。こうしたことに直面してから後継者を準備し始めるのでは、到底間に合わない。

これは、他の重要ポジションでも同様である。人材の流動性が高い欧米では、管理職の仕事の50％はサクセッションプランニングであるといわれる。有事に備え、事業運営に支障を来さず、社会にサービスを提供し続けられるようにすることが、サクセッションプランニングの本意である。

欧米と比較すると人材の流動性が高くない日本企業では、サクセッションプランニングの概念は、大企業を除いてあまり浸透していないようだ。そこで、本書では、単に「後継者を準備する」ということではなく、「後継者の定義を定め、育成すること」と、意味をかみ砕いて記載した。

各企業によって、サクセッションプランニングの具体的な進め方は異なるが、一般的には以下のステップを踏む。

①全体設計
- 運営体制や進め方・育成方法等の各方針の決定

②該当ポジションに求める姿・充足要件の策定
- ミッション・ビジョン・バリュー、事業方針に基づいた価値観や行動の明確化
- あるべき能力―成果の明確化

③候補者リスト（タレントプール）の用意と入退室基準の策定
- タレントプールの設計
- プールに入れる基準、外す基準の策定
- 入退室のオペレーションを行う機関の決定（指名委員会、タレントマネジメント委員会等）

④育成施策・タフアサインメントの検討
- 該当者個々人ごとの設計（研修・配置等）
- 必要なタフアサインメントの検討

上記のステップのうち、③④のオペレーションを図式化したものが**［図表3-7］**である。

上記④に挙げた「タフアサインメント」とは、容易には達成できない課題や役割、目標を与え、急激な成長を促す人材育成の手法である。ス

図表3-7　タレントプールへの入退室モデル

トレッチアサインメントとも呼ばれる。中には、全く日の目を見ない事業の責任者や、業績が芳しくない子会社のトップへアサインし、業績・組織の立て直しをさせるといった試練もある。ゼネラル・エレクトリック（GE）社の取り組みは有名なところだ。元CEOのジェフリー・イメルト氏がCEOに就くまでの取り組みは、ハーバードのケーススタディにもなっている（「GEのタレントマシン：CEOをつくる」）。

サクセッションプランニングにおいては、人材育成の役割のほかに、これまでと異なった役割や環境であっても、確実に成果を出すことができるのかといった試金石的な意味合いも持つ。これは、経営トップに限らず、通常の人事配置でも検討される事項だろう。

このように、サクセッションプランニングは、環境変化や不慮の事態に備え、サービスを提供する組織体制を維持していくという点で、組織の堅牢性を高める中心施策となる。ただし、この効果は、組織が同じ価値観・考え方をもって、同じ方向に向かっている前提（組織開発）の上で成立する。

A：役割と目標設定・環境づくり（Performance Management）

「H：後継者の定義・設定と育成」とのつながりでいえば、「A：役割と目標設定・環境づくり」は「後継者に求められる成果を具体的に定義し、必要な環境を整えること」が、偶発的ではなく、仕組みとして成されるようにすることである。

後継者の文脈をここから外せば、「一人ひとりの成果を個別にマネジメントする仕組み」といえる。そうなると、当然に個人視点を併せ持った設計が必要となる。組織視点と個人視点とで方向性の相違があった際に、組織視点のみで進めてしまうことは、タレントが組織から離脱してしまうリスクをもたらすからだ。この個人視点を併せ持つ考え方は、ひし形モデルの対角線にある、「E：キャリア志向の把握、新たな可能性開発」へつなげる効果も併せ持つ。

このように、「A：役割と目標設定・環境づくり」が、「組織の堅牢性」を構成する要素として設定されている理由は、タレント個々人のキャリアも併せて考えることで、組織の戦略ゴール達成の確度を向上させることにある。

(6) イメージ事例

ここまで「A：役割と目標設定・環境づくり」から「H：後継者の定義・設定と育成」まで解説を進めてきたが、理論先行で今一つ理解しづらい読者もいるかもしれない。一つ卑近な例を示そう。

「タレントマネジメント」の「タレント」とは、芸能人のことではないと説明したが、面白いことに、例としては芸能人を用いるのが分かりやすい。以下では、ある芸能事務所が芸能人の卵を発掘し育て上げ、事務所を大きくしていく事例を通じ、Ａ～Ｈを見ていこう **[図表3-8]**。

【事業戦略】

その芸能事務所は、事務所を大きくしていくために、アイドルグループ、とりわけ、その中でもセンターとして個人でも活躍していけるようなタレントを育て上げる戦略を立てた。

図表3-8 タレントマネジメントのイメージ事例

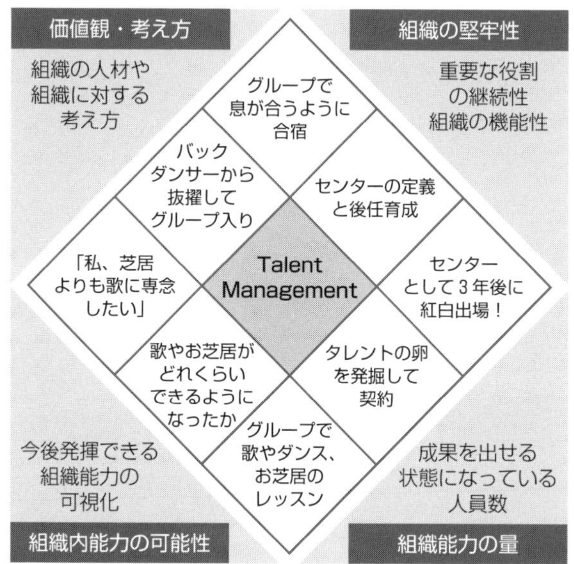

【A：役割と目標設定・環境づくり】

そのためには、歌って踊れる、加えてバラエティ番組に出ても、人を惹きつけられるようなトークができる、そんな志向性があり、なおかつ能力的にも可能性がある人材を探すことにした。具体的な目標としては、３年後には紅白歌合戦に出場し、センターを張れるような人材だ。

【B：組織人員の獲得〈主に採用〉】

そのような人材を見つけ出すには、コンテストやオーディションなど、自ら応募してもらうPull型の方法と、有望な人材を街中などでスカウトするPush型の方法があるようだ。まだまだ小さい事務所で知名度もなければ予算もないので、後者のPush型のスカウトを地道に行い、何とか契約にこぎつけた。

【C：育成・開発・チームビルド・オンボード】

契約したとはいえ、いわゆる“芸能人の卵”状態である。可能性は高いものの、まだ何も知らないし、できる状態ではない。そこで、芸能界とはどういうところなのか、その事務所はどのような戦略や特徴を持っているのかといったレクチャー（オンボーディング）や、しばらくは行動をともにしていくメンバーたちと、歌やダンス、お芝居のレッスン（育成）を受けさせることにした。

どれもかなり経費がかかるが、未来のセンターを育てるための投資であり、パフォーマンスを出していくためには必須である。お芝居は全くの未経験であったが、驚いたことに初めからそこそこのレベルにあることが分かった（開発）。

しばらくは、レッスンを受けながらバックダンサーとして活動することになるため、同じチームのメンバーと自己紹介をし合ったり、チームの目標やルールを定めたり、ともに活動していく上で支障がないような状態をつくった（チームビルディング）。

【D：能力の適切な把握と評価、記録】

歌もダンスも、レッスンの成果があってどれも上達してきたと、担当マネージャーから報告があった。そこで、どれほどできるようになったのか、元芸能人でもある社長自らが、その出来栄えを確認したところ、どれも合格点をつけられるレベルであった。これで、事務所で合格点に達しているタレントの卵は15人を超えた（記録）。

【E：キャリア志向の把握、新たな可能性開発】

そろそろデビューを考える時期になった。芸能事務所としては、アイドルグループでのセンターを考えてはいるものの、本人にその気がないと突然辞められてしまうかもしれない。特に、本人にはお芝居の高い才能があることが確認できているだけに、なおさらそのリスクがある。

そこで、ここまで歌やお芝居といろいろやってきた中で、どの道に進んでいきたいか、本人と話し合うことにした。そうしたところ、本人としてはお芝居よりも、歌やダンスに強い情熱があることが分かった。お芝居もゆくゆくは取り組んでみたいものの、まずは当初の自分の目標でもあるセンターを目指したいとのことだった。

キャリアが明確になったことで、本人のレッスンに向かう姿勢がより一層強くなった。事務所や担当マネージャーとしても、何に注力していくかを明確にすることができた。

【F：昇進・降職、新たな挑戦、リテンション】

先にデビューを検討していたグループでメンバーの急な脱退が相次ぎ、事務所としてはグループの編成を含め、今後の進め方をどうしていくか検討を余儀なくされる事態となった。どのようなグループを世に出していきたいのか、どのような人物をセンターに立てたいのかなど、改めて事務所としての方針を明確にするきっかけとなった。

結論として、彼女をバックダンサーから抜擢し、先にデビューを検討していたグループのセンターに据えることにした（昇進、新たな挑戦）。事務所としても大きな決定である。そのグループでセンター候補だったタレントと話し合った結果、実は彼女はお芝居の道に強い興味があるということが分かり、その道に転向した（リテンション）。

グループの中で同じくお芝居志向のタレントもいたようで、それをなかなかグループ内で言い出せなかったらしい。メンバーの脱退にも関係があったようで、事務所としては大いに反省した。

【G：組織がうまく回るように働き掛ける】

この反省を生かして、新グループでは、まずはそのグループがどうしていきたいのか、互いに考え方や価値観を出し合う合宿を行うことにした。事務所としての考え方も明確に伝える必要があるし、それを個々人の考え方と丁寧に擦り合わせなければ、また離脱の可能性もあるからである。

また、活動が盛り上がってからぎくしゃくし始めるということもある。そうなっては、戦略目標の達成どころかこれまで歌やダンスのレッスン、広告宣伝などに投じてきた費用の回収もおぼつかなくなる。

合宿の甲斐(かい)あって、グループはセンターの彼女を中心に、同じ目標に向かってそれぞれの強みを発揮できるようなチームになったようだ。

【H：後継者の定義・設定と育成】

万事うまく収まったように見えるが、事務所としては懸念がある。それは彼女の次のセンター役をどうするかだ。グループのセンターは、次々と卒業をしていくものであり、現センターの彼女には、お芝居の高い能力があった。いつ、その道に転向したいと言い出すか分からない。

事務所の戦略として、どのような人物をセンターに据えるべきかを決めてタレントの獲得に動いたが、昨今の芸能界のトレンドも大きく変化してきている。環境に合わせて定義し直すことにした。それによって獲得の方法も、育成の内容も大きく変わってくるからだ。

【A：役割と目標設定・環境づくり】

結論として、歌って踊れることに加え、自分で自分をプロモーションできることも必要になる時代だ、ということになった。具体的には、YouTuber のように自分で SNS に登場していくこともいとわない人物という要件が新たに加わった。世の中への発信・浸透の仕方は着実に変わってきている。

そうなると、獲得の方法も従来のスカウトやオーディションだけではなく、Web 媒体などを使ったものにシフトしていきそうだ。このように時代を見つめ、戦略を見直していくことで、事務所の堅牢性が高まる。

4 本章のまとめ

以上、タレントマネジメントのひし形モデルに照らして、人事戦略を考える上でのフレームについて述べてきたが、一言でいえば、事業戦略と人事戦略は表裏一体の関係にあるということだ。

つまり、事業戦略を確実に実行していくには、それをどう成していくかの人事戦略が不可欠であるし、人事戦略から見た場合も、現在の組織能力から何がどれくらいできるのかといった事業戦略の提言ができるということだ。また、どのような人事戦略を構えれば、事業の実行能力がどれほど向上する可能性があるといった提言も可能であり、それによって事業戦略のサイズが決定することにもなる。

その際には、組織視点と個人視点の双方を考慮することが必要となる。組織視点だけでは実行力が伴わない絵に描いた餅になりがちであり、逆に個人視点だけでは、何を目指す組織なのか本末転倒になりがちで、どちらに偏ってもバランスが悪い。その双方を見つつ、事業環境と事業戦略の変化の可能性もにらむ、難易度の高いパズルのようなものである。

スタートアップ企業では、そこに、「革新性」「圧倒的な成長性」という、自らが環境変化をブーストさせる要因が加わる。ただでさえ難解なパズルは、さらに難易度が高くなる。次章は、このタレントマネジメントフレームに則(のっと)り、スタートアップ企業ではどのように進めていくべきか、その考え方を解説していく。

第4章

組織能力を獲得する

本章のポイント

①なぜ新たな組織能力が必要になるのか
②スタートアップ企業の採用の特殊性
③組織能力を発揮できるようにするために必要な要素

1 なぜ新たな組織能力が必要になるのか

[1] プロダクトと組織の進化

第1章で述べたとおり、PMFが達成されるたびに、スタートアップ企業のプロダクトやサービスは新たに成長する。そして、それに伴い、組織も新たな停滞・成長を迎える。第2章で述べた組織成長のパターンだ。

プロダクトの変化と組織の変化の具体的な例として、ユーザー層の変化が挙げられる。よく知られるキャズム理論のテクノロジーライフサイクルで見ていこう［**図表4-1**］。

図表4-1 テクノロジーライフサイクル

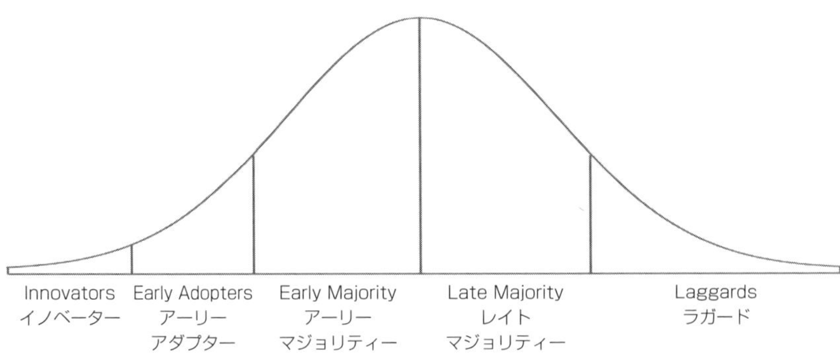

資料出所：Moore, G. A. (1999) *Crossing the Chasm.*（川又政治訳（2002）『キャズム』，翔泳社，p.15）

（1）イノベーター

「イノベーター」は新たなプロダクト・サービス、特にテクニカルな領域に対しての興味関心がとても強い層である。いわゆる「オタク」と呼ばれるレベルであり、すぐに新しいプロダクトを試す。ゆえに、Web上の情報のみで購入することに抵抗がなく、そのため、組織はユーザーとのコミュニケーションをオンラインで完結させることに特化する。組織人員がまだまだ少ない状態であり、そのほうが効率も良いからだ。彼らのフィードバックを得てプロダクト・サービスは磨かれていき、さらにユーザーを増やす。

（2）アーリーアダプター

「アーリーアダプター」も、イノベーターと同様に新しいものへの興味関心は高いが、イノベーターほどテクニカル志向ではなく、自分たちが抱える課題の解決に新しいプロダクトがどれだけ効果的かに関心がある。そのメリット・デメリットを評価し、課題が解決できる可能性が一定程度あると認めれば、新たなものを試すことに全く抵抗がない。

この層をターゲットにする組織としては、プロダクトのメリット・デメリット、類似プロダクト・サービスとの比較も併せて、「ユーザーに理解してもらうためのコミュニケーション能力」が必要になる。これまでのような一方通行に近いコミュニケーションから、体験会や説明会といったインタラクティブなコミュニケーションも併せたスタイルにシフトしていく。それまで効果的だった組織能力とはやや異なるといえる。

（3）アーリーマジョリティ

次の「アーリーマジョリティ」は、興味だけではなく実用性を重んじる。アーリーアダプターが外部プロダクトに期待する主な課題解決は、競合他社との差別化や価格・コストの競争、あるいは企業体力の変革である。それに対して、「アーリーマジョリティ」は、生産性・効率性を求める。つまり、彼らは万が一にも、新たなプロダクトの導入に当たり冒険は望まず、他社での豊富な成功事例や、導入に際しての円滑かつ安全なサポートを求めている。厄介なのは、アーリーアダプターの事例があまり役に立たないことだ。

「アーリーマジョリティ」は、マジョリティというだけあって、さまざまな属性のユーザーで構成されている。また、そのボリュームも大きく、そして、いわゆる大企業が中心となる。大企業が事例として参考にしたいのは、同じく大企業の導入事例であって、中小企業やベンチャー等で構成されるアーリーアダプターの事例ではないのだ。

組織としては、この規模の大きい層を確実に顧客にしたいが、それまでの層とはあまりにも属性が異なる。導入の決裁は、オンラインでは完結できず、対面での度重なるサービス説明や、稟議決裁のための資料やプレゼンテーション、他社とのコンペ等もある。したがって、組織には、実際に対面で顧客と折衝を重ねる営業部隊が必要となる。それまでのマーケティング・セールスのやり方とは大きく異なることもあり、昨今のスタートアップ界隈では、「アーリーマジョリティ」以降の層は「エンタープライズ」とも呼ばれ、別の担当チームが組成されることが多い。

(4) レイトマジョリティ

「レイトマジョリティ」に関していえば、アーリーマジョリティとさして変わりない層であるが、その違いは“新しいものを使いたがらない”という点にある。導入には、担当者が張り付いて手取り足取りのサポートを要求されることもある。また、導入を検討する担当者は、自らのリスクヘッジのために、自社と同程度の企業規模の事例で導入を検討する傾向もある。実際、新たなプロダクトやサービスを開発する企業には、途中で企業体力が尽きる可能性があることも考えると、相応のリスクヘッジではある。

組織としては、自社のプロダクトやサービスの説明よりも前に、新しいテクノロジーがいかに世の中に受け入れられ始めているか、また、噂されるようなリスクがないか、理解を得るための地道な活動が必要になる。

例えば、今でこそ、さまざまな場面で当たり前に使われているクラウドサービスであるが、ほんの10年ほど前、2010年あたりにはキワモノ扱いであった。「クラウドは危険」「クラウドはよく分からない」、こんな言葉がマーケットを席巻していた。そのような中でクラウドサービスを展開するスタートアップ企業は、セールスではなくクラウドサービスの啓蒙から始めていた。

また、導入の際にサポートする担当者や、技術部門サイドでセールス寄りの仕事をする役割も必要となる。専門的な知識で、丁寧に顧客に説明し、不安を払拭するためだ。

このようにかなりの手間暇や、大規模な組織体制が必要になるが、この層も相当に規模が大きく、確実にユーザーにしたい層であり、組織は新たな組織能力を備える必要が生じてくる。

レイトマジョリティの後の「ラガード」は、とにかく新たなテクノロジーが嫌いという層であり、規模もそれほど大きくはなく、「革新性」をもったスタートアップ企業が、あえてコストをかけて獲得しにいく層ではない。

[2] 新たな組織能力をどうやって手に入れるか

このように、顧客層の変化を捉え、確実に獲得していくには、新たな組織能力が必要になる。この組織能力を手に入れる方法はいくつかある。

一つ目は、社内での人事異動だ。新たに必要になった能力を持つ社員が、現在は他の仕事に就いているかもしれない。

二つ目は、人材育成だ。必要な能力を、トレーニングやさまざまな経験学習を通して身に付けていく方法である。

三つ目が、外部からの能力獲得だ。主な手法として、社員の採用がある。社外で十分に経験も能力もある人材を採用することで、新たな能力を獲得することができる。

それぞれ、実際に活用されている方法であるが、スタートアップ企業においては、三つ目の外部からの能力獲得が中心となる。その理由は、スタートアップ企業の「爆発的な成長性」にある。事業の成長、すなわちプロダクトやサービスの成長は、前述のとおり、マーケットを巻き込み、また、醸成されたマーケットにさらに巻き込まれ、とてつもないスピードで成長していく。もはや進化と呼べる。

[3] スキルチェンジ・ジョブチェンジは容易ではない

それに対して、人はそれほど早くは成長できない。新たな能力を身に付けて実際に活用できるようになるまでには時間が必要になる。加えて、それ以上に、これまで培ってきたものを捨て去ることへの切り替えが必要になるが、そうした切り替えは簡単なことではない。その人のアイデンティティに関わる場合も少なくない。

そして、過去を捨て去って新たな能力を身に付けるには相応の覚悟も必要となる。一から能力の獲得を始める場合は、最初から十分なパフォーマンスは期待できない。場合によっては給与のダウンも覚悟しなければならないだろう。そこまでの覚悟と組織やプロダクトへの高いコミットをもって、能力の転換ができる人間は決して多くはない。

ましてや、将来において能力転換がうまくいかなかった（活躍もできず、キャリアも報酬も向上できない）場合、多くのスタートアップ企業では何の保証も期待できない。ワクワクするビジョン、世の中を良くしていくミッションへの使命感、そうしたものに強い共感を持っていても、これまで培ってきた自分の能力を捨て去ることには誰しもためらいがあるものだ。

こうしたためらいを解消する時間、能力を身に付けるまで待ち続ける時間は、スタートアップ企業にはない。よって、外部から必要な能力を獲得する方法が必須となる。

2 スタートアップ企業の採用

[1] 外部からの組織能力の獲得方法

外部からの能力獲得といえば、採用がすぐに思い浮かぶことだろう。確かに社員採用は、強力な手法である。しかし、採用という獲得手法には向き不向きがあることも理解しておかねばならない。スタートアップ企業のような、さまざまな制約がある企業はなおさらである。

そもそも、採用といっても、契約社員やアルバイトを採用する方法もある。雇用期間の定めがない正社員の採用が必要になるのはどのような条件がそろったときなのかをよく検討する必要がある。正社員採用以外にも、外部からの能力獲得にはさまざまな手法がある。

考えなければならない要素は二つある。それは「能力」と「労働力」だ。そして、それらを媒介する変数として「時間軸」がある。「能力」と「労働力」がいつまで必要となるかということだ。つまり、「能力」としても「労働力」としても、中長期的に必要となる場合に、雇用期間が無期限である正社員採用が適切だといえる。

特定の「能力」が「短期的」に必要であれば、顧問や外部コンサルタント、アドバイザーといった方法があるだろう。すぐに知見を組織に取り込むことができるが、代わりに、その知見は組織に蓄積されないといったデメリットもある。

「労働力」が「短期的」に必要であれば、アルバイトや派遣社員、業務委託や他の企業へのアウトソーシングといった手段もある。ただしこれらは、労働力の供給源としては不安定であったり、コストとしては割高になることもある。

このように、「能力」「労働力」、そして「時間軸」の組み合わせによって組織能力の獲得には適切な手法があり、同時にデメリットも存在する[**図表4-2**]。多くのスタートアップ企業は、時間も資金も限られる。長く払い続ける毎月の給与と、マネジメントコストを費やしてでも、新たな能力とその発揮活動（労働力）が中長期的に必要である場合、正社員採用という手法が適切となるのだ。

以上、外部からの獲得手法を選択する考え方と、獲得の手法として採用一択ではないことを示した。しかし、現実的には、給与という固定費やマネジメントコストを抱えるとしても、外部からの能力獲得は正社員採用が中心となる。

本質的な理由は、事業拡大を図る時に人材不足で機会損失が起きることを防ぐことであるが、近年、正社員採用の難しさを加速させているのが、2010年からの求人倍率の上昇だ。コロナ禍直前の2019年には、１～３月平均の有効求人倍率が1.63倍、新規求人倍率は2.46倍を記録した。これは、バブル期の最高値である1990年７～９月平均の同1.45倍・2.14倍よりも高い[1]。コロナ禍に入った2020年に下降したものの、2021年か

図表4-2　組織能力の獲得方法

必要となる要素	必要となる時間軸	主な解決方法	マイナス面
新たな能力	短期的に	顧問・外部コンサルタント	組織に能力は蓄積しない
	中期的に	学習、能力開発	習得に時間がかかる
		正社員採用	毎月給与が発生
労働力			マネジメントが必要
	短期的に	アルバイト、業務委託	不安定な労働力
		アウトソース	割高なコスト
		残業、休日出勤	安全面にリスク

［注］ 新たな能力・労働力が、ともに中期的に必要となる場合、正社員採用が適当な方法になる。

1　厚生労働省「職業安定業務統計（一般職業紹介状況）」。平均値はいずれも季節調整値。

ら再び上昇している。つまり、就職市場では売り手市場が続いているということである。

そして、スタートアップ企業には、大企業や歴史のある企業に比べて異なった特徴があり、それが一層、採用活動を難しいものにしている。

［2］スタートアップ企業における組織・環境の特殊性

まずは、革新性と爆発的な成長性というこれまで述べてきた特殊性が組織能力の獲得にもたらす影響について言及する。

革新性の観点からは、「企業の概要・事業内容が知られていないこと」が挙げられる。世の中にないことに取り組んでいるため、何をやっている企業なのかがすぐには理解されないのだ。そうすると、応募者にとって最も気がかりな、その企業の将来性や安定性を把握することは容易ではない。

加えて、十分な知名度もないため、募集媒体に広告を出したとしても、その効果は他企業に比べてはるかに小さい。また、爆発的な成長性はスタートアップ企業の強みでもある半面、「組織が不安定であるイメージ」にもつながりやすい。応募者から見れば、自分が活躍できる環境なのか、キャリアを伸ばせる素地があるのかが気になる点だろう。しかし、資金が限られるスタートアップ企業にとって、世の中に十分な情報を届けるための広報費用を用意することは重荷であり、不安定さのイメージがもたらす不安を一気に払拭することは難しい。

仮に広報費用が十分にあり、企業情報・事業情報に関する知名度のハンデを取り戻せたとしても、大手企業に比べれば給与や福利厚生といった待遇面で見劣りすることも否めない。給与は、近年は資金調達環境が俄然（がぜん）よくなったこともあり[2]、むしろスタートアップ企業のほうが好条件の場合もある。それでも、資金調達前でキャッシュに余裕がない、余

2　コロナ禍以降は悪化している。

裕があってもプロダクトの改良やユーザー獲得に資金を傾斜配分しなければならないなど、その時々のキャッシュポジションによっては、市場相場よりも常に高い水準を確保し続けることは難しい。

そして、採用に臨む体制も顕著に異なる。大手企業では、採用チームがあり、採用専任者が何人もいるのが一般的だ。しかし、スタートアップ企業は、採用どころか、人事・コーポレート機能全体でも社員数は限定的である。人事業務全体で専任者が１人いればいいほうで、十分な選考リソースがないのだ。

このように、スタートアップ企業では、「あれもない、これもない」といった状況・環境を前提として採用活動に取り組んでいかねばならない［図表4-3］。

［3］制約がある状況で確度の高い採用を行うには

こうした難易度が高い前提の下で、採用活動をスムーズに行っていくためには、一般企業と同じような選考手法ではうまくいかない。一工夫も、二工夫も必要になる。

なお、スタートアップ企業で新卒採用を行うのは、事業が安定軌道に

図表4-3 大手一般企業と比較した採用環境・選考リソースの差異

項目		大手一般企業	スタートアップ企業
採用環境	知名度	よく知られている	一般的には知られていない。フェーズによっては誰にも知られていない
	企業情報、事業の概要	多く流通している。検索すれば容易に入手できる	検索しても世の中には情報がない。あっても容易に理解しづらい
	待遇	福利厚生含め充実している	金銭報酬はキャッシュに左右される
選考リソース		採用チーム、専任者	人事業務全体で専任者が１人いればいいほう

入り、組織規模も拡大してきた段階であるため、ここでは中途採用を前提に解説を進める。

(1) 採用ファネルを狭く鋭くする

前述のような環境下では、大手企業でよく見られる「応募者を広く集めて選考を重ね、適性がある部署に配置する」といった、いわゆる「就社」ともいえる採用形態はそぐわない。

スタートアップ企業において募集するポジションは、新たな事業戦略を遂行できるピンポイントなジョブであるため、応募者を広く集めるという手法は、「最終的に不採用とする人を、お金をかけて集める」といったことにもなる。しかし、資金的にそんな余裕は到底ない。つまり、スタートアップ企業では、採用活動では常識ともいえる「応募者を集めて母集団を拡大する」といった採用手法が当てはまらない。何よりも、知名度が低い状態で、母集団形成のために採用広告費をかけても、その効果は限定的だ。

また、選考のリソースにも大きな違いがある。実は、資金面よりもこちらのほうが切実な問題になりやすい。

応募者を多く集めるということは、たくさんの人数を選考するということと同義であり、相当なリソースを割かねばならない。ATS[3]を導入して効率化を図っても、応募者対応は必要となる。履歴書・職務経歴書のチェック、選考日程の調整、選考担当者への面接の依頼や採用基準の説明等々、やることは細かく、量も多い。専任者が1人だけの体制で、一般企業と同様にこうしたオペレーションを回していくことは困難だ。

部門を巻き込み、部門中心にオペレーションを回す採用スタイルに切り替えることは有効な手段だが、そもそも、「採用とは、人事の仕事だ」

3　Applicant Tracking Systemの略。直訳すると「応募者追跡システム」となるが、一般的に「採用管理システム」の意味で用いられる。選考に必要な履歴書・職務経歴書といった書類の管理や、選考状況・評価結果・応募者とのコミュニケーションを、一元管理し、関係者と共有することができる。

といった概念を持っている人も多く、この固定概念を解きほぐすコミュニケーションコストもばかにならない。その上、不満が生じてしまえば、以降の協力体制は儚く脆いものになりやすい。

スタートアップ企業が行うべき採用は、大手企業のような大きく広いファネルではなく、針の穴を通すような狭いファネルなのである［**図表4-4**］。募集要項はできるだけ情報量を多く、具体的な内容にし、応募者がそれを見た際に、自分にマッチしているか否かがおおむね判断できるものが望ましい。すると、応募者は極めて限定的になり、選考効率が大きく向上する。

募集要項の情報量を多くするといっても、むやみに増やせばよいというものではない。長すぎてもすべてに目を通してもらえないし、かといって、印象に残そうと奇をてらっても、一般的に載せるべき項目がなければ他社と比較もできない。

要は、丁寧に詳細を記載すればよいだけなのだ。特に、組織文化、業務の詳細、業務環境、事業目標といったところは、外部からは分かりづ

図表4-4 採用ファネルの比較

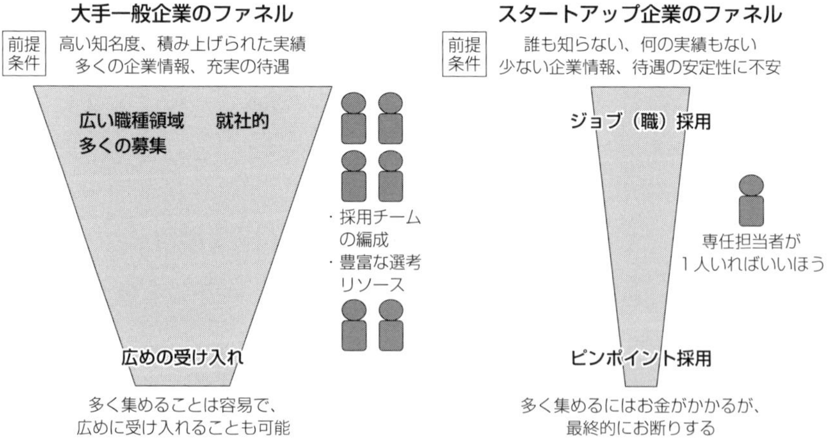

大手一般企業のファネル

前提条件　高い知名度、積み上げられた実績
多くの企業情報、充実の待遇

広い職種領域　就社的
多くの募集

・採用チームの編成
・豊富な選考リソース

広めの受け入れ

多く集めることは容易で、
広めに受け入れることも可能

スタートアップ企業のファネル

前提条件　誰も知らない、何の実績もない
少ない企業情報、待遇の安定性に不安

ジョブ（職）採用

専任担当者が
1人いればいいほう

ピンポイント採用

多く集めるにはお金がかかるが、
最終的にお断りする

図表4-5　募集要項の記載のポイント

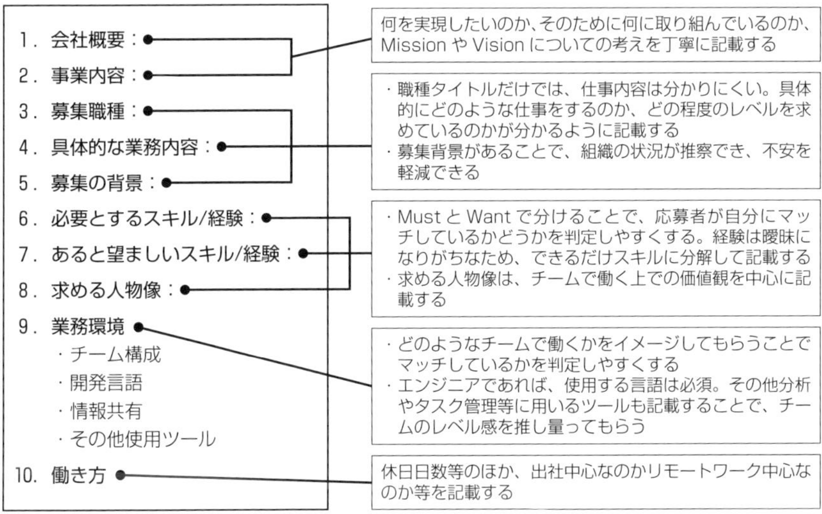
1．会社概要：
2．事業内容：
3．募集職種：
4．具体的な業務内容：
5．募集の背景：
6．必要とするスキル/経験：
7．あると望ましいスキル/経験：
8．求める人物像：
9．業務環境
・チーム構成
・開発言語
・情報共有
・その他使用ツール
10．働き方
何を実現したいのか、そのために何に取り組んでいるのか、Mission や Vision についての考えを丁寧に記載する
・職種タイトルだけでは、仕事内容は分かりにくい。具体的にどのような仕事をするのか、どの程度のレベルを求めているのかが分かるように記載する
・募集背景があることで、組織の状況が推察でき、不安を軽減できる
・Must と Want で分けることで、応募者が自分にマッチしているかどうかを判定しやすくする。経験は曖昧になりがちなため、できるだけスキルに分解して記載する
・求める人物像は、チームで働く上での価値観を中心に記載する
・どのようなチームで働くかをイメージしてもらうことでマッチしているかを判定しやすくする
・エンジニアであれば、使用する言語は必須。その他分析やタスク管理等に用いるツールも記載することで、チームのレベル感を推し量ってもらう
休日日数等のほか、出社中心なのかリモートワーク中心なのか等を記載する

らいものだ。自分が働くとしたら、何が気になるかといった視点で考えてみれば、記載すべきことはおのずと見えてくる［図表4-5］。

(2) 撒き餌とターゲティングを使い分ける

募集要項を研ぎ澄ましたら、それをどこに・どのように展開するかを検討していく。展開先は、求人サイト、ダイレクトリクルーティング（以下、「DR」と略す）、人材紹介、ハローワーク、リファラル採用（社員からの紹介を通じた採用）など、さまざまなチャネルがある。当然、これらすべてに手を出せるだけの資金もリソースもないので、何に力を入れていくか選択しなければならない。この選択の際に用いていただきたい概念が「撒(ま)き餌」と「ターゲティング」だ。

①撒き餌

「撒き餌」とは、自社と募集職種の露出を増やし、存在を知ってもらうことを目的とする。撒き餌のチャネルでは、本採用は必ずしも当てにせず、ただただ露出を増やす。稀に驚くような本命の採用につながることもあるが、目的は「知ってもらうこと」であることから、「撒き餌」と呼称している。

「撒き餌」のチャネルは、求人サイトでもDRでもよいが、安価でかつ運用コストがあまりかからないところがよい。応募者の入り口も、いきなり選考に入るのではなく、いわゆる「カジュアル面談」からスタートするのが効果的だ。

「撒き餌」は、あまり長期間は行わない。行うのは、あくまでも知名度もリソースも限定的な「採用弱者」のうちだ。プロダクトが本格的にリリースされ、世の中に一定程度知られるようになってきたら、撒き餌は徐々にクローズする方向でよい。ここに餌（仕事）があるということが分かったら、役目は終了する。

②ターゲティング

「ターゲティング」は、文字どおり本採用を狙うために選択するチャネルを指す。前述の撒き餌になぞらえて例えると、「どこの池に狙う魚がいるのか」を見極め、釣り針（募集要項）を投下する、ということだ。例えば、エンジニアがよく集まるDRプラットフォームもあれば、全く生息しないプラットフォームもある。

DRプラットフォームは、職種による偏りもあれば、規模の違いもある。また、その傾向は移り変わるので、候補先の営業担当者に依頼して、登録者の属性データをもらうのがよい（大抵のDRや求人サイトは登録者の属性データを提供してくれる）。

効率が良いDRプラットフォームには、多くの会社が集まるため競争率も高くなる。常に選考進捗のデータ分析を行い、定期的にターゲティング先を変えるのがよいだろう。

資金状況にもよるが、人材紹介エージェントに依頼することも検討すべきだ。人材紹介エージェントは、自社に代わって企業やプロダクト・サービスの魅力を説明してくれるため、知名度で劣るスタートアップ企業には、頼もしい社外の採用担当者のような存在となる。「資金状況にもよるが」としたのは、人材紹介エージェントは、手数料が高額なためだ。一般的な手数料相場は、採用が決まった社員の年収の35～40％程度となる。年収600万円で35％の契約なら、手数料は210万円（＋消費税）となる。５人も採用すれば軽く1000万円を超えてしまう。また、人材紹介エージェントは、会社や担当者によって職種や産業に得意不得意があり、マッチングの品質の差異も大きい。高額な手数料に見合う実績やサービス内容があるか、よく吟味されたい。

(3) スキルと価値観フィットを入念に確認する

①スキルと価値観フィットを確認することの重要性

採用の目的は、中期的に必要な能力とリソースを手に入れることである。したがって、その能力の確実性を見極めることは、至って重要な要素となる。基本的にジョブで募集し、ピンポイント採用となるスタートアップ企業では、「採用したが、期待外れだった」といっても、他の部署で働いてもらう余裕もない。募集するポジションに必要な知識・スキル・態度は、一般企業以上にしっかり確認せねばならない。

また、社内の風土・メンバーらの考え方との“価値観フィット”も重要なポイントとなる。組織の中で行動していくためには、チームメンバーと協働する必要があるが、仕事をする上での基本的な価値観が異なっていると、チームで何かを決める都度、議論が必要になってしまい、コミュニケーションコストがばかにならない。ひどい場合は、尾を引く言い争いにまで発展してしまうこともあり、最悪のケースは早期離職となってしまう。人材紹介エージェント経由で入社した人材なら、多額の紹介料を払って、何の成果も上げられないうちに離職という、株主資本を食いつぶしただけの最悪の結果となってしまう。よって、「求めるスキルの確実性」と「組織の価値観への適合度」を選考内容に組み込む必要がある。

②面接では把握が難しい

スキルも価値観も、しっかりと選考で確認するのは当たり前だと思う方も多いだろう。しかし、実際に見極められる確度が高い方法で実行している企業は実に少ない。ちなみに、世の中で多く行われている「面接」では、スキルの確実性はほとんど分からない。

車の運転免許試験を思い浮かべてほしい。筆記試験と実技試験の2種類がある。なぜ2種類あるのかといえば、「知っていること」と「できること」は異なるからだ。具体的にいえば、「S字クランクの曲がり方」を知識として持っていても、実際にS字クランクを視認して、ハンドルをうまく操作することができるかどうかは別問題である。「知っているかどうか」は筆記試験で確認できるが、「できるかどうか」は筆記試験では確認できない。

これは採用選考においても同じである。面接で「何を知っているか」は確認できても、「それが実行できるか」の確実性は極めて低い。

もちろん、全く分からないわけではない。ある程度の推測を立てることはできる。過去の経験を構造的に質問し、どのような状況でどのように課題解決に当たったか、その時の自分の役割は何だったのか、障壁をどのようにクリアしていったのかなどを確認することで、知識以外にどのようなスキルを発揮したのか、また、周囲の人間をどのように巻き込んだのかは、ある程度類推できる。

ただし、全く新しいことに取り組むスタートアップ企業の環境で、それが再現できるのかといえば、事情は大きく異なる。マニュアルもなければ、十分な資金もない。チームに十分な余力もない。会社の知名度も低い。そのような中で、前職と同じようなパフォーマンスが発揮できるかは、極めて不確かなのだ。

③「体験入社」の活用

スキルや価値観フィットの有効な確認方法として筆者が勧める選考手法が、「体験入社」だ。といっても、実際に入社するわけではない。候補者に1日程度社内で過ごしてもらい、実際の業務に即した課題にトライしてもらうのである。併せて、実技試験も行う。

体験入社は、ともに働くメンバーや、マネジメントする上司を巻き込んで行うため、運営のコストがかかる。よって、少なくとも基本的な事項の確認を終えた2次選考以降で行う。「1次選考を通過させるかどうか迷っているので、体験入社で判断」といった使い方はしない。ニュアンスとしては、それまでの選考で迷いなく採用したい候補者を体験入社に進める。この体験入社をクリアして、最終選考というパターンが多い。

以下に、実際に行われているスケジュールの一例と、実施のポイントを示す。

事例2　体験入社のスケジュール例

10:00-10:30　オリエンテーション

社内関係者への紹介、社内の案内
秘密保持契約（NDA）の締結…(A)
最終プレゼンテーションのテーマ発表

10:30-11:30　該当部門のブリーフィング

年間の実行計画、現状の課題…(B)
採用の背景と募集ポジションへの期待

11:30-13:00　ランチ（他部門のメンバーも交えて）…(C)

13:00-14:00　実技試験…(D)

14:00-15:30　候補者から社員へのインタビュー

社内関係者（複数）へのインタビュー…(E)

15:30-16:00　休憩・雑談…(F)

16:00-17:30　プレゼンテーション資料の作成…(G)

17:30-18:30　プレゼンテーション、質疑応答…(H)

18:30-19:00　クロージング…(I)

(A)　社内の秘匿情報を話すことや、偶然見聞きすることもあるため、念のため秘密保持契約（NDA）を締結しておく。

(B)　現時点で、事業戦略上、あるいはチームの戦略実行において、何が課題になっているのかを理解してもらうことによって、それを打破できる知見や具体的な実行案があるかを確認する。打ち手が出てくる場合は、入社後すぐの行動・成果につながりやすい。

(C)　面接などはある程度訓練で乗り切れてしまうので、候補者の素の状態を見ることが目的。よって、役職者はできるだけ参加せずに、リラックスできる環境を用意する。どのような考え方を持っていて、どのような言動があるかを見る。ランチに参加してくれたメンバーに、後ほど感想を聞いておく。

(D)　実技試験は、内容によっては事前に伝えて準備してもらってもよいし、当日できるものであれば、当日その場で伝えてもよい。知っているだけではなく、実際に手が動くか、またその品質は基準以上かどうかを確認する。

(E)　インタビューは二つの目的で実施する。一つは最終プレゼンテーションのための情報入手である。該当部門のブリーフィングでインプットした情報から生ずる疑問点や仮説を確認してもらう。
もう一つは、実際に働く上で候補者が知りたいことを社員に直接聞くことである。ランチの際にも聞くことはできるが、そこで聞けなかったことや、あるいはランチで耳にしたことで、深く知りたいことなどを聞く。候補者のための時間である。

(F)　ここまでかなり張り詰めた状態が続いているので、息抜きの時間を設ける。人事や上司になる予定の社員から、候補者にここまでの感想を聞く。例えば、業務のイメージは湧くか、会社やチームのメンバーとの相性はどうか、楽しめそうかといった質問をしてみる。

(G)　最終プレゼンテーションのための資料作成の時間。インプットした社内情報から、自分自身の考えをまとめ、発表してもらう。プレゼンテーションの内容は、入社後の実行計画や、現在の課題の解決案など、具体的で、入社後すぐに行動に移せるものがよい。
定められた時間内で考えをまとめられるか、それを他者に伝えるための資料にまとめられるか、といった基本的なビジネススキルも確認する。

(H)　アイデアの斬新さや論理構成を確認する。これまで組織にない新たな能力獲得のために採用活動をしているのであるから、今の課題が解決に向かうかどうかが一つの判断基準になる。そのアイデアが、インプットされた情報から論理的に導き出されているかどうかも重視する。入社後のコミュニケーションコストを最小限に保つためだ。また、資料にまとめるだけではなく、自分の考えを他者に伝え、他者を動かすことができるかどうかも見る。
質疑応答では、否定的なコメントや質問に対し、感情的にならず対処できるか、良い方向に改良する議論に発展できるかどうか、つまり組織で協働できるかどうかを確認する。

(I)　合否の通知めど等の事務連絡や、体験入社に参加してくれたことへのお礼を伝える。同時に、参加してみての感想をヒアリングし、志望度合いを確認する。この時点で合格の可能性が高ければ、次の予定を決めてしまってもよい。

この体験入社の一例では、次の事項が確認できる。

●実務スキル	●プレゼンテーションスキル
●課題把握スキル	●ロジカルシンキングスキル
●ヒアリングスキル	●ビジョン構築力

加えて、組織のメンバーとの相性（近い価値観を持っているか否か）もつかめる。体験入社は丸一日かけて行うものであり[4]、応募者側もこの長時間を採用のための訓練で乗り切ることはできない。

また、体験入社は応募者にとっても得るものが大きい。入社を決める前に、職場の雰囲気や働く人がどのような人たちなのかを確認でき、不安を軽減できる。自分がどのような課題に取り組むのかが分かれば、業務のイメージも湧きやすい。これらは、後述する「組織社会化」への効果も大きい。

[4] 過度な採用偏重のリスク

前述したように、採用は組織能力を獲得する上での一つの要素にすぎない。一方、採用の難易度が年々増していることから、人事やマネジメントの時間を採用のために割かざるを得ないケースも少なくない。

しかしながら、行きすぎた採用偏重の戦略は、組織運営に破綻をもたらす恐れがある。入社者が成果を出すためには、相応のマネジメントアクションが必要だが、肥大する入社者の数と入社者をマネジメントする人員数の釣り合いが全く取れなくなるのだ。その結果、給与という固定費は発生するものの成果は出ず、組織はその対応に追われることになる。現場には「なぜか分からないが常に忙しい」といった“忙しい感”が蔓延（まんえん）する。そして、それを払拭するためにはさらに人が必要だという悪循環が発生するのである。

特に、スタートアップ企業では、停滞を乗り越えた後の成長が速い。

4　諸事情で半日程度に短縮する場合もある。企業によっては2～3日かけて行う場合もある。

その際に、組織は一刻も早い新たな能力とリソースの到着を渇望する。手が足りないのは明らかで、採用数の増加は容易に意思決定されるので、こうした悪循環に陥りやすい。**[図表4-6]** は、筆者のクライアントで実際にあった悪循環の例である。

誤解のないよう伝えたいのは、スタートアップ企業において、採用をしないという選択はないということだ。ここで言いたいのは、採用に力を入れるのであれば、新規入社者が成果を出せるようにするための施策もセットで実施する必要があるということである。

[5] スタートアップ企業の採用のまとめ

採用一つに、ここまでこだわりが必要かと思う方もいるだろう。実際、募集要項を研ぎ澄ますことには想像以上に手間がかかる。人事は募集要項を作成することには慣れているが、各部門の業務の詳細に精通しているわけではない。他方、各部門においても、「現行の課題が何か」は分かっていても、それを解決するために「どのような能力・人物像が必要

図表4-6 過度な採用偏重による悪循環

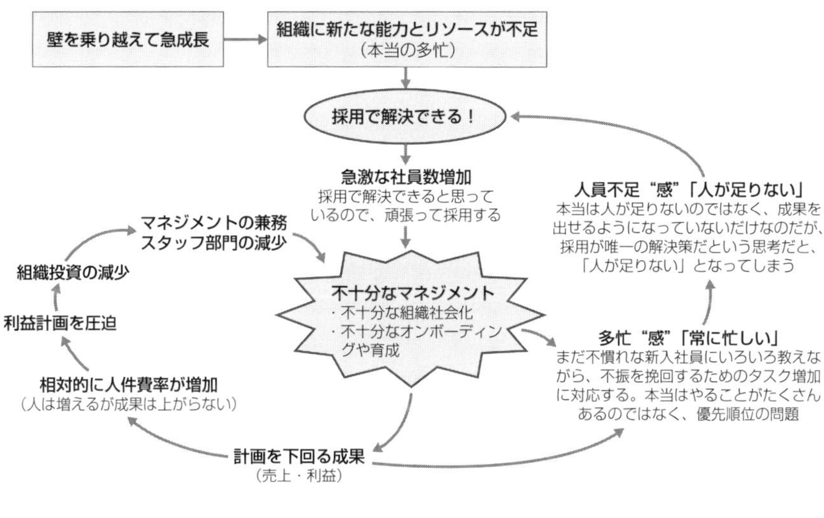

壁を乗り越えて急成長
組織に新たな能力とリソースが不足
（本当の多忙）
採用で解決できる！
急激な社員数増加
採用で解決できると思っているので、頑張って採用する
不十分なマネジメント
・不十分な組織社会化
・不十分なオンボーディングや育成
多忙"感"「常に忙しい」
まだ不慣れな新入社員にいろいろ教えながら、不振を挽回するためのタスク増加に対応する。本当はやることがたくさんあるのではなく、優先順位の問題
人員不足"感"「人が足りない」
本当は人が足りないのではなく、成果を出せるようになっていないだけなのだが、採用が唯一の解決策だという思考だと、「人が足りない」となってしまう
計画を下回る成果
（売上・利益）
相対的に人件費率が増加
（人は増えるが成果は上がらない）
利益計画を圧迫
組織投資の減少
マネジメントの兼務
スタッフ部門の減少

か」はなかなか言語化できない。人事と各部門双方で対話を重ねなければ、募集要項を研ぎ澄ますことはできないのだ。

体験入社の運営も容易ではない。部門長、直属の上司、チームメンバー等の関係者の日程調整、課題の設計、ランチ場所の確保と、さまざまなタスクがある。

しかし、ここまでして応募者の懸念を払拭しなければ、スタートアップ企業の成長の速さに対応できないのだ。雑な採用は、事業を推進する新たな組織能力の獲得につながらない。会社にとって給与支払いの対象者が増え、バーンレートが上がるだけとなってしまう。

こうした状態は、入社者にとっても不幸極まりない。転職が珍しくなくなった時代とはいえ、転職が自身の人生の一幕になるのは間違いない。自分のキャリアを向上させるべく、また、チームで活躍できることを信じて入社しているのに、一つもかなわない恐れもある。

スタートアップ企業の初期段階では、十分なOJTやキャリアアドバイスといった、大手一般企業なら普通に享受できるマネジメントを得られないことも珍しくない。その結果、満足な成果を出しづらいことは不幸なことといえる。

「採用一瞬、マネジメント一生」である。採用時の瞬間的なコストよりも、その後長期間続くマネジメントコストのほうがはるかに重荷となる。

なお、初期段階にあるスタートアップ企業の採用選考は、体験入社も含め、該当部門が中心となって進めるスタイルが望ましい。人事担当者がオペレーションの中心となると、応募者との連絡調整・人材紹介エージェントとの調整といったすべての業務が集中してしまい、確実に停滞が生じるし、何より採用を予定しているすべてのポジション分の専門知識を人事ではカバーできない。人事担当者は、部門の採用活動の環境構築やサポートに注力すべきだろう。

3 獲得した能力を発揮可能な状態にする

ここまでして丁寧に採用しても、現場でその獲得した能力が発揮できるようにしないと、すべては水の泡となる。

ひし形モデルでいえば、右下の「役割と目標設定・環境づくり」「組織人員の獲得」「育成・開発・チームビルド・オンボード」に当たる。より簡素にいえば、**[図表4-7]** のようにも表現できる。つまり、「①戦略」に基づいて「②獲得」した能力を「③発揮」できる状態にすることともいえる。③は「入社オリエンテーション」や「オンボーディング」といった呼び方が一般的であろう。

[1]「ゆっくり慣れて」ではダメなスタートアップ企業

①〜③のアクションは、ごく当たり前のことに見えるであろう。しか

図表4-7「組織能力の獲得」の簡素な表現

し、歴史的に、年功序列で同質性が高い風土がある日本では、外部から人材を受け入れる際に、入社者のほうに適応を求める考え方が強いように思える。「ゆっくり慣れてくれればいいから」「まずは見て覚えて」といった声は、一度や二度聞いたことがあるのではないか。つまり③のアクションが、だいぶおろそかになっていたり、属人的であったりするのだ。それでは再現性がない。

スタートアップ企業では、「ゆっくり慣れる」時間はないし、入社後の成り行きに任せた結果、「成果を出せませんでした」では、限りある資源を無駄にしたことに等しい。計画的に、そして確実に、組織で成果を出せるようにしなければならないのだ。

[2] 組織社会化―計画的に組織を知ってもらう

では、成果を出せるようにするには、どのようなアクションが必要なのか。重要なキーワードとして「組織社会化」という言葉が挙げられる。あまりなじみがない言葉かもしれないので、簡単な解説をしておく。

いくつかの定義があるが、高橋 (1993) によれば、組織社会化とは「組織への参入者が組織の一員となるために、組織の規範・価値・行動様式を受け入れ、職務遂行に必要な技能を獲得し、組織に適応していく過程」とされる。

組織で必要な技能は採用選考でおおむね確認するとして、「組織に適応する」とは具体的にはどういうことなのか。ポイントとなるのは、「組織の規範・価値・行動様式」の部分だ。

ある製造業の例で説明しよう。X社では、何よりも安全であることを第一に掲げていた。企業理念においても「安全第一」がうたわれている。実際、製造現場のマニュアルにもそれが盛り込まれており、製造ラインで何か不具合があった際には「中止ぃーーっ！」の大声とともに、同種の製造ラインをすべて止めるそうだ。原因が解明するまで、ラインは止めたままだという。

他方、同業他社のＹ社では「お客さまに納期どおり届けてこその製造業」という考えがあるという。その考えは現場にも反映されており、Ｙ社では製造ラインで不具合があった際、該当の製造ラインだけを止めて他のラインは稼働させたままだそうだ。

Ｙ社を退職してＸ社に転職したＫさんという人がいた。同じ職種での即戦力採用ということで、チームへの挨拶もそこそこに入社翌日には現場に出ていたという。そこでアクシデントが起きた。不具合で製造ラインが一斉に止まった際に、Ｋさんが現場で異議を唱えたのだ。「全部止めるのはおかしいじゃないですか！」

安全と納期、どちらが正しいかという決着はつけられないだろう。製造業にとってどちらも軽視してよい話ではない。これはその組織での価値観、そしてその価値観に端を発している職場のルールの差異の話なのだ。結果、Ｋさんは同僚と気まずくなり、３カ月も経たないうちに退職してしまったという。

このように、能力があっても、それを発揮するためには、その組織で何が大切にされているのか、また、どのようなルールがあるのか、そうしたことを事前に学習し、場合によってはこれまでの学習を棄却（アンラーニング）してもらう必要がある。こうした一連の取り組みを組織社会化という。

組織社会化が進むことで、持ち前の能力を発揮し、組織が求めるパフォーマンスを出すことができる。すると、採用した組織も満足するし、本人もここで働いてよかったと満足することで、定着化が図られるのだ**［図表4-8］**。

［3］スタートアップ企業での組織社会化

この組織社会化を進めるに当たって、大手一般企業では豊富なリソー

図表4-8　組織社会化のモデル

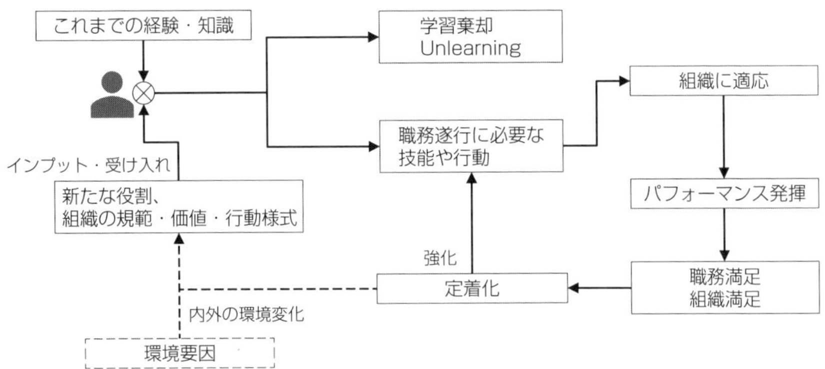

スがある。入社研修を行う専門部署があり、所属チームには業務指導役のチューター、メンタルケアまでサポートするメンター、キャリアアドバイスもする上司など、手厚いサポート体制がある。

スタートアップ企業には、こうしたリッチな体制は望めない。かといって、組織社会化を怠れば、前述のKさんのようなこともあり得る（皮肉なことに、経験豊富で自信がある人ほどアンラーニングが難しい）。加えて、入社者には早期の戦力化が求められる。

スタートアップ企業特有の制約がある中で、この相反する条件をクリアするには、以下のステップが有効である。

(1) 入社前にギャップの芽を摘み取っておく

組織社会化を阻害するのが、「リアリティショック」と呼ばれる現象である。入社前に抱いていた組織のイメージと、入社後に知った現実とのギャップが大きい場合に生じるものであり、早期離職の原因となることもよく知られている。

この問題は、前述したような体験入社を行うことでクリアできる。実際に職場に来てもらい、入社すれば一緒に働くことになるメンバーと忌憚のない意見を交わし合うことは、入社後のイメージを高めることに直結する。

(2) 組織の規範やルール・知見の言語化と、データでの社内共有を進める

メンターやチューターといった人的リソースを豊富にあてがえない以上、入社者が必要と考える業務や社内の情報を自力で調べられる環境を構築する必要がある。

調べられる環境としては、2種類用意する。一つは業務マニュアルなどのストック型の情報環境だ。そこに社内の決まりごと、ミーティングの議事録、組織のルールや業務のマニュアルなどを蓄積していくのだ。ストック型のツールは、リモートワークを効率的に進める上でも必須である。

もう一つはフロー型の情報ツールだ。ビジネスチャットと呼ばれるもので、リアルタイムの情報共有が主目的である。目的別にチャネルを設定できるので、入社者向けのQ&Aチャネルを作っておけば、気後れせずに質問がしやすくなる。

(3) オンボーディングを体系化する

給与や勤怠といった事務的な連絡も含め、入社時にその会社の歴史や組織図、会議体、オフィスの使い方等、組織に関する知識を得る機会は、オンボーディングと称して実施されていることが多い。

オンボーディング自体は、多くの企業で実施されているが、その中身については担当する部署任せになっているのが実情のようだ。何が必要かをトータルで設計し、その上で該当部署に依頼するといった順番がよい。

何が必要かは人事部門でほぼ設計できるが、入社者に時折ヒアリングするのが効果的だ。タイミングとしては入社1カ月後くらいに、「入社時に何を知りたかったか、あるいは何を知っておけばよいと感じている

か」といった内容を聞くとブラッシュアップできる。参考までに、筆者のクライアント企業で行っている内容を［図表4-9］に記す。

(4) 人的ネットワークを意図的に構築する

初期段階のスタートアップ企業では、基本的に中途入社者が中心である。したがって、前職までの経験も豊富で、即戦力として期待されて入社する。成果を出そうとすると、その組織のノウハウが必要になるので、前述のストック情報やフロー情報を頼りにさまざまなアクションを試み

図表4-9 オンボーディングの実施内容例

【コーポレート部門が実施するもの】	【配属部門（直属の上司）が実施するもの】
●会社概要の説明 企業沿革、事業の推移、企業理念 事業概要（マーケットサイズやその中での位置づけも）、事業計画 役員、組織のツリー図 設備・ファシリティ 会議体（全社会議、職制会議など） 職務権限規程 経費の申請・精算のオペレーション **●人事制度の説明** 制度の概要（等級定義と昇降格の基準、職制、目標設定、評価タイミング・評価項目など） 人事システム、オペレーション方法（実技で行う） 働き方（勤務体系、残業の申請方法など） 給与項目、支給日 **●コンプライアンス** 事業に関わる関係法令、CSRの取り組みなど **●リスクマネジメント** ハラスメント教育、相談窓口 安全衛生の取り組み（健康診断、ストレスチェック、産業医面談など） **●情報セキュリティ** セキュリティ認証、注意事項・禁止事項、SNSの利用 社内ツールの使用方法（実技） **●コミュニケーション** コミュニケーションガイド（大切にしている価値観、Good事例・Bad事例、アサーティブトレーニング） 会社共通のツールとルール、チームごとのツールとルール	**●部内概要の説明** 部・チーム単位のミッション・ビジョン・バリュー 具体的な業務分掌、ミッション、目標、年間計画 本人が参加するプロジェクト、チーム内での役割等 組織構成と役割・関係性、各人の担当業務 会議体（チャットのチャネル含む） **●サポート体制** 業務関係：チューター 業務以外：メンター レポートライン **●目標設定** キャリア面談（所属長・人事） ―1on1の説明、実施時期、タイミング 目標設定（チーム／個人） ―ワーク形式での実施、設定と振り返りの時期 **●メンバー紹介** 部内メンバー：原則対面で紹介 隣接部門責任者・メンバー：対面とチャットチャネル 歓迎会：できるだけ早めに

るが、それでは不足していることもしばしばある。キーとなる情報は、人に付随していることが多いのだ。つまり、“know-how” は、“know-who” なのである。尾形（2018）では、中途採用者の組織適応モデルとして、人的ネットワークの構築が中心に据えられている **［図表4-10］**。

人的ネットワーク構築を促進する要因としてさまざまな項目があるが、スタートアップ企業では、基本的にジョブローテーションが行われることは少ないので、**［図表4-10］** に示したＡとＢがポイントとなる。とりわけ、Ｂは入社者が自然に話しかけられる「タッチポイント」となるため、重要度が高い。以下では、Ａ・Ｂそれぞれの説明と、実際に行われている施策例を示す。

Ａ：ハブとなる他者

新しい環境への適応をサポートする存在である。組織や仕事に精通し

図表4-10　中途採用者の組織適応モデル

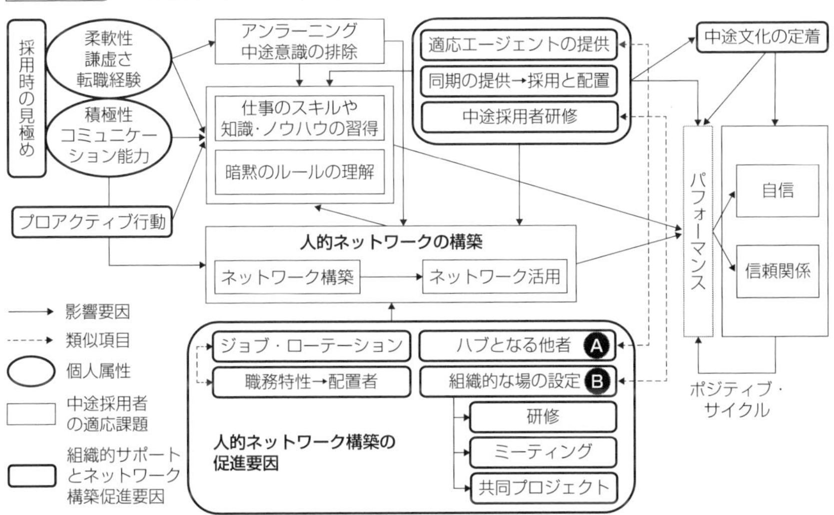

資料出所：尾形真実哉（2018）「中途採用者の組織適応モデルの提示」，甲南経営研究58巻４号，p.28に、Ａ・Ｂの記号を筆者加筆

ており、入社者が知りたいことや困ったことが生じた際に、適切な部署や個人への橋渡しをする。

（例）

- チームの中で社歴が比較的長く、面倒見がいい人をメンターとして配置（その人は片手間で行うのではなく、業務の一部となっている）
- 人事が“なんでも相談窓口”となり、質問を受け付ける。また、日常的に人事からも話しかけ、困りごとがないかをピックアップする

B：組織的な場の設定

入社者が、チーム内外の社員と知り合い、自然と話ができるような関係性を構築できるきっかけをつくる。

（例）

- 入社タイミングが比較的近い社員同士で入社振り返りの会を行う
- 週次・月次の全社員が集うミーティングで、入社者の紹介をする
- 社内チャットで、入社者を紹介するチャネルを設ける
- 社員をランダムにシャッフルして、他チームの社員と知り合えるランチをセッティングする（入社者に限らず行う。費用は会社負担）
- 全社課題プロジェクト、あるいは全社のイベントプロジェクトに新規入社者をアサインする
- 自部署から１人、他部署から２人選出してもらい、入社者にメンターをつける。そのメンターと入社者の４人で週に１～２回の頻度でランチをとる（費用は会社負担）

個人レベルでは、ここまですることで能力を発揮できる環境がおおむね整う。事例はあくまでも参考として、自社に合うスタイルを模索してほしい。また、個人差もあるので、対象者を見ながら実施していくことが肝要だ。

[4] チームビルディング

個人で成果を上げられることもあるが、実際の業務では、チームで連携し、協力することで成果につながることが多い。すべてにおいてスピードをもって対応することが必要なスタートアップ企業では、とりわけその必要性が高い。そのような環境で、個人としては優秀だが、他者と協働できないといったような不具合は避けたいものだ。

そこで強くお勧めしたいのが、チームビルディングである。チームビルディングというと、何か一体となってゲームのようなことを行うことをイメージする方も多いだろう。実際、そうしたワークショップの手法もあるが、本書ではGRPIモデルを取り上げる。もともとは組織の健全性を測る指標として、組織開発コンサルタントであるベックハード氏が開発したものである。

多くのチームビルディング手法が、チームの関係性に着目しフォーカスする中、GRPIモデルでは、スタートアップ企業が重視する事業目標および戦略目標を明確にでき、チーム内で曖昧になりがちな役割もクリアにできる。

GRPIモデルでは、**[図表4-11]** の四つの指標を明らかにし、チーム全員で共有する。

図表4-11　GRPIモデル

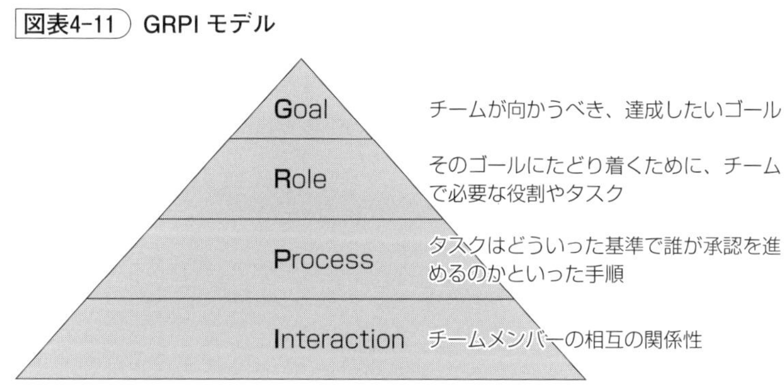
Goal
チームが向かうべき、達成したいゴール
Role
そのゴールにたどり着くために、チームで必要な役割やタスク
Process
タスクはどういった基準で誰が承認を進めるのかといった手順
Interaction
チームメンバーの相互の関係性

[注]　土台になるのは一番下の「Interaction（チームメンバーの相互の関係性）」であるが、上から順番に重要な項目とされる。

Goal

チーム単位だと、何をするのかは明確であっても、何のために、何を成し遂げるかは、曖昧なことが多い。目指すGoalによって、そこに到達する手法も変わってくる。例えば、「マラソンで42.195kmを走りきる」というGoalと、「100mをいかに早く走るか」というGoalでは、とるべき手法が全く異なり、この二つの手法のどちらが正しいかは比較する対象にはならない。このように、Goalを明確にしておかないと、チーム内では手法論でいさかいが起きやすくなる。

Role

Goalに向かうためにどのような役割が必要なのか、また、その役割はそれぞれ誰が担っているのかである。ロールプレイングゲームでいえば、最後の敵を倒すために、勇者が必要なのか魔法使いが必要なのか、そして、誰がそれを担っているのかが分からないと、課題を誰に受け渡せばよいか分からず、宙ぶらりんになってしまうこともしばしばある。

Process

Goalに向かうまでにどのようなステップがあって、何をクリアすれば次のステップに進めるのかである。また、次のステップに進むには誰の承認を得る必要があるのか、その承認があったか否かは、どのような手段でチームに共有されるのか。プロジェクトを進める上でのチームコミュニケーションの基本的なことを定める。

Interaction

チームメンバーそれぞれはどのような性格で、どのような目的でチームに参加しているのか、何が好きで何が嫌いか、何が得意で何が不得意か、こうした相互の開示で互いの価値観を理解し、円滑なコミュニケーションを取ることができる。

大手一般企業であれば、日常の業務を進める上で自然と「I」が進み、定型業務の中で「G・R・P」も見えてくるだろう。半年ないし１年も一緒の部署にいれば、自然とチームビルディングが進むかもしれない。

しかし、くどいようだが、スタートアップ企業には時間的余裕もなければリソースもない。また、戦略の変更は必要に応じて臨機応変に行われるし、メンバーの入れ替えもある。指示を待って進める業務もあるが、自ら考えて行動することが求められる業務が多い。

そのような中で、自然にチームビルディングが進み、組織として成果が出るまで時間をかけて待つ余裕はないのだ。GRPI モデルのように、再現可能かつ構造的な取り組みで、何があっても素早くチームアップを進められるようにしなければならない。

ここで一つ事例を掲げる。Y 社では、四半期ごとに、チーム単位（５～10人程度）で、前期の振り返り合宿をしている。前期のよかったこと、改善することの共有に加え、今期のチーム目標、個々のメンバーの役割決め、マイルストーンの確認、新たなメンバーの自己紹介等を１日かけて行うのだ。

功を奏しているのは、「納得感のある戦略変更の共有」が図れる点だ。今後チームはどの方向に向かうのか、それはなぜなのか。全員で時間をかけて話し合うことで、しっかり“腹落ち”して進むことができる。方向性と役割が明確になるため、自分が行うことに迷いもなくなり、以降は非常に効率よく進行できる。

併せて、新たなメンバーとの“価値観の交換”を行う。この自己紹介には１人当たり30分程度をかける。その人のバックグラウンドや価値観を知っていることで、業務中に何かアクシデントがあっても疑念や懸念が生じにくくなるのだ。

4 本章のまとめ

次々と新たな組織能力が必要になるスタートアップ企業では、本章の内容である「組織能力の獲得」が人事戦略課題の多くを占める。そして、その課題のほとんどが「必要な人材を採用できない」というものだ。しかし、実は、取り組むべき課題がそもそも採用ではないことも多いのである。あたかも採用ですべてが解決できるように錯覚してしまっているだけなのだ。

社員採用偏重のリスクはこれまで述べたとおりだが、組織能力獲得のステップを理解して進めることで、さまざまなリスクを回避できるはずだ。そもそも戦略から見て、必要な能力は本当に社員採用で賄うべきなのか、必要な人数が全員入社したとして、マネジメントできるのか、といったことを検討していくのである。

参考まで、以下に事業サイドと人事サイドで考えるべきポイントのチェックリストを示す。それぞれの後半部分はエモーショナルな観点になっていることも否めないが、スタートアップ企業には多少の無理を押しても増員に踏み切らねばならないときもある。そんなときに、せめて信念を持って取り組んでほしいというメッセージも込めている。

事業サイド

①“忙しいから”という現場ニーズのみで増員リクエストをしていないか

②増員がベストの解決策か（育成や異動、業務の変更や中止・停止で対応できないか）

③増員して部署内のマネジメントや適切なオペレーションは維持できるか（本来は向上すべき）

④①～③を踏まえても増員する場合、必ず事業成長に寄与すると信念を持って立証できるか

⑤①～③を踏まえても増員する場合、自分自身で責任を持って採用活動に取り組めるか
⑥①～③を踏まえても増員する場合、求める人物像は明確になっているか
⑦①～③を踏まえても増員する場合、今のメンバーは幸せになるか（成長・キャリア・金銭・働き方）

人事サイド
①組織の繁忙状況と多忙感を可視化して増員のジャッジができているか
②新たな採用枠を決める前に育成・異動は十分検討されているか
③マネジメントのサクセッションプランニングは進んでいるか
④①～③を踏まえても増員する場合、増員のコストと事業成長・利益はバランスが取れているか
⑤①～③を踏まえても増員する場合、責任を持って採用オペレーションの設計ができるか
⑥①～③を踏まえても増員する場合、求める人物像に見合う人材が市場に存在するエビデンスがあるか
⑦①～③を踏まえても増員する場合、今のメンバーは幸せになるか（成長・キャリア・金銭・働き方）

第5章

組織能力を把握する

本章のポイント

①スタートアップ企業で組織能力が変化するメカニズム
②組織能力を把握・記録しなければいけない理由
③スタートアップ企業特有のキャリアの分岐点

1 事業戦略と組織能力は表裏一体

事業戦略を実行していくためには、言うまでもなく組織能力が必要だ。組織能力が不足している場合、努力、根性、頑張りといった精神論では埋められない。したがって、事業戦略を立てるときに、現段階の組織能力がどれほどなのかを把握することが必要となる。今の組織は何段の跳び箱を越える力があるのか。それによって事業戦略やその目標も変わってくる。

もちろん、現段階の能力でできることだけをやっていては、事業の成長はない。何をすればもう一段高く飛べる能力が身に付くのかも考える必要がある。事業戦略・目標と組織能力は表裏一体の関係にある。

それだけ組織能力を把握することは重要だが、あまり積極的に行われない傾向がある。正しくは「丁寧に把握することが行われない」だろうか。日々ともに業務に取り組んでいる間柄で、何となくの把握はできているかもしれない。しかし、そこには日々ともにしているからこそのバイアスが生じていたり、能力のイメージが入社時のままで固定してしまっていたりすることも少なくない。他者からの評価だけではなく、本人も正しく認識していないこともある。

能力は変化する。その変化を十分把握できていないと事業戦略の実行はおぼつかない。また、本人が、保有している能力を生かした仕事をしていきたいとも限らない。異なるキャリアを志向することもある。そこ

図表5-1　組織能力の可視化の簡易モデル

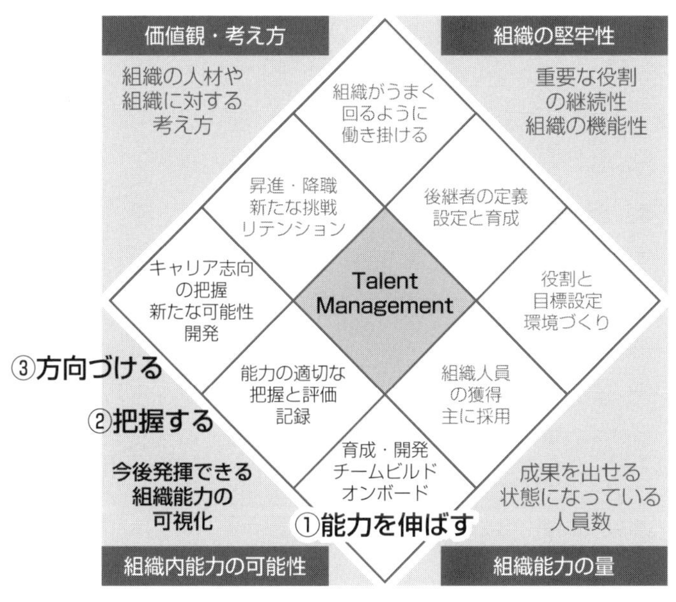

までを踏まえて把握していかねばならないのだ［**図表5-1**］。

2　組織能力は変化する

［1］能力が変化するスタートアップ企業の環境

前述したとおり、企業が獲得した組織能力はいつまでも一定ではない。さまざまな要因で向上もすれば、低下もする。特にスタートアップ企業の環境では、変化する要因が多い。それは、スタートアップ企業の特徴である「圧倒的な成長性」からくる経験の量だ（後述するが、この「圧倒的な成長性」は、能力を“相対的に”低下もさせてしまうのが残酷なところだ）。

事業が圧倒的に成長するということは、それまでの組織能力ではクリアできない課題が立ちはだかり、それを次々に乗り越えていかねばならないということでもある。つまり、その課題を乗り越える経験の量が、一般企業で得る経験量よりはるかに多くなるのだ。

経験が人を成長させるというのは、多くで語られているところだ。近年では、「ロミンガーの法則（通称70:20:10の法則）」[1]がその分かりやすさからもよく用いられる。人は学習の70%を経験から得て、20%を上司等からの薫陶、10%を研修等のOFF－JTでの学習から得るというものである。

また、構造的な理解を進めるには、経験学習サイクルがある**［図表5-2］**。経験したことを振り返り、そこから教訓を得て、それを新しい状況に適用する。そして、その経験からまた学びを得るというサイクルだ。

スタートアップ企業での豊富な経験量が、そのまま成長につながるわけではない。図にもあるとおり、意図を持った取り組みが必要であり、ここに人事戦略のポイントがある。

図表5-2　経験学習サイクル

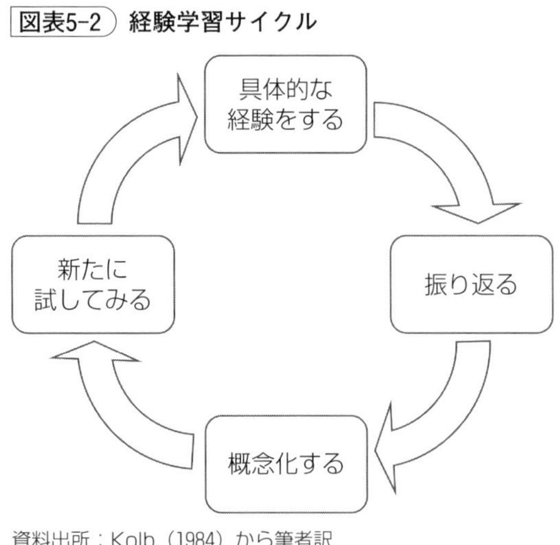

資料出所：Kolb（1984）から筆者訳

1　Lombardo, M. M. & Eichinger, R. W.（2010）*The Career Architect Development Planner 5th edition*. Lominger International.

そのポイントを考える上で、「教訓」という言葉は少し堅苦しいイメージもある。少し見方を変えた［図表5-3］のほうがしっくりくるかもしれない。図中にある「エンジョイメント」とは、スタートアップ企業にジョイン（入社・参画）を決めたときの自分の目的、成すべき仕事、ビジョンへの共感といったところだろう。そうしたものが原動力になり、「革新性」ある課題、図中でいうところの「ストレッチ」した課題に取り組めるのだ。

以降は［図表5-3］に則（のっと）って、獲得した組織能力をどのように向上させ、取り組める事業戦略の幅を広くするのかについて言及していく。

［2］エンジョイメント
—スタートアップ企業での仕事のやりがいや意義

入社時の動機としても確認される項目だ。ある意味、「ないもの尽くし」のスタートアップ企業になぜ好きこのんでジョインするのか。ジョインして何をしたいのか、何を得たいのか。入社時にはそれらがきちんと言語化されていることが多いだろう。

図表5-3　経験から学ぶ力の3要素

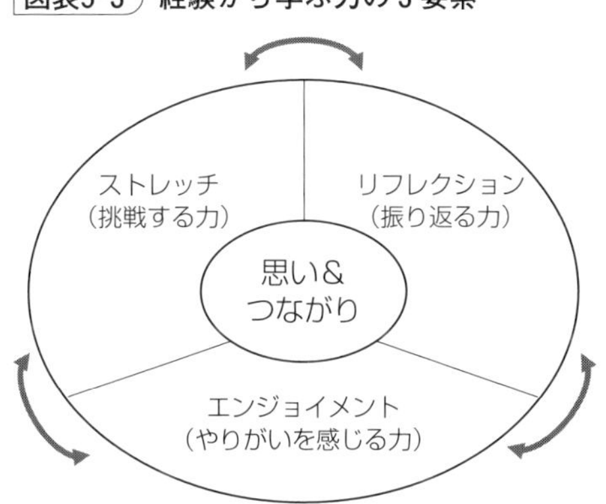

資料出所：松尾睦（2019）『部下の強みを引き出す 経験学習リーダーシップ』，ダイヤモンド社

しかし、ジョインして実際に携わってみると、その想い・言葉のとおりだったものと、そうでないものに分化する。第４章で解説したリアリティショックの一つでもある。「スタートアップでは、もっと自由にできると思っていた」「もっと自分の能力が自由に生かせると思っていた」といった類いのリタイアメントインタビューは後を絶たない。

スタートアップ企業は、「革新性」あるものに取り組み、マーケットを創造しているのだ。それは簡単にできることではない。眼前には常に壁が立ちはだかる。「好きこそものの上手なれ」というが、そうした高いハードルであっても、楽しんで取り組める人はしなやかで強い。そしてそのためには、その壁が自分にとってどのような意味があるかが腹落ちしていなければならない。

しかしながら、夢中でハードルを越えている日々では、「これは自分に向いていることだな」「自分の目標である〇〇に近づけるな」などと、自ら俯瞰(ふかん)して捉える余裕はめったにない。だからこそ、他者が意識的に関わることで、個々が目指したい領域や、何をしているときに楽しいと感じているかを言語化することが重要なのだ。

近年、１on１という手法が注目されているが、まさにこうした自己認知を進めるには効果的である。間違っても「１対１でただ話すこと」を目的にしてはならない。自らが自らの本質に気がつけるように、問いを立てて考えさせることが目的だ。

[3] ストレッチ

そうした自己認知があるからこそ、高いハードルに臨むことができる。ただし、この時点で本人が適切なハードルの高さを認識しているとは限らない。適切な高さは「頑張れば達成可能な高さ」である。勢いに任せ、無謀な高さに挑んでしまっては、自信を喪失し、ハードルの前に立つことすらおぼつかなくなってしまう。つまりは離職だ。一度で離職になることはそうそうないが、連続すると話は変わってくる。「ここでは自分が成長できない」といった考えが首をもたげてくる。

そうならないためにも、「段階的なチャレンジ」をお勧めしたい。一気に３段、５段とハードルを高くするのではなく、１段ずつ確実に上がっていくのだ。時間がないスタートアップ企業でこんな悠長なことをしていて大丈夫か？と思うかもしれないが、結果的に一番速い登り方であるといえる。

なぜなら、１段上った後には「成功体験」が生まれるからだ。課題に取り組んでみようと思える自己効力感を醸成するのに最も有効なのは、この成功体験だ。１段ずつ登るのは遅いように見えても、この成功体験を多く積むことで、確実に前に進むことができる。ストレッチとは、無理・無謀な取り組みではなく、「少し頑張れば達成可能と信じられる目標」である。

[4] リフレクション

ストレッチされた課題へのチャレンジを重ねると、筋トレを重ねた後の筋肉のように、しっかりと新たな能力が身に付いてくる。しかし、本人は一生懸命日々取り組んでいるので、そのことになかなか気づきにくい。

そこで、チャレンジを俯瞰してそれまでの取り組みを振り返る機会を持つことが必要だ。前述の１on１でもよいが、仕事の成果はチーム単位でもたらされるものもあるので、チーム単位以上での振り返りが有効だ。

実際に行われている事例を紹介しよう。

(1) 全社合宿（H社・社員数100人）

文字どおり、組織構成員全員での合宿である。筆者のクライアントでも多く行われている。１日のものもあれば、宿泊を伴う場合もある。場所は、普段のオフィスを離れ、郊外の施設を利用して行われることが多い。年末や期初・期末に行う場合は慰労的な要素も含む。以下にスケジュール例を示す。

事例3　全社合宿のスケジュール例

●1日目 AM

- 開催地までの移動、昼食

●1日目 PM

- 全社会議
  - 前期の全社業績・チーム業績の振り返り（売上・利益・ユーザー数等の数値やプロジェクトの進捗(しんちょく)・成果）
  - アワード（表彰）
  - チームごとの振り返り（よかったこと・改善点、個々人への相互フィードバック）と発表
- 夕食・懇親会

●2日目 AM ～ PM

- 全社方針の発表
  - 今期の経営戦略と事業戦略、目標
  - ミッション、ビジョン、バリューの再確認、今期フォーカスするポイント
- チーム戦略会議
  - 今期のビジョン・戦略・目標の決定
  - チームごとの発表とフィードバック

●2日目 PM

- シャッフルランチ（部署、職種、入社時期などをシャッフルして通常コミュニケーションがない人同士を組み合わせる）
- レクリエーション
- 移動・解散

(2) チームオフサイト（G社・社員数30人）

より小さな単位としては、5～10人程度のチームがオフィスを離れて行う「オフサイト」がある。同じく期初・期末に振り返りや目標設定を

したり、場合によってはチームの重大な方針を決めることもある。場所は、郊外の場合もあれば、オフィスから少し離れた貸会議室等の場合もある。日常から離れることがポイントだ（チャットやメールの通知もできるだけ切っておく）。四半期〜半期ごとに行うことが多い。

事例４　チームオフサイト例

- AM
  - 移動
  - オリエンテーション
    - アジェンダの確認
    - チェックイン[2]
    - 前期を振り返っての個々人の感想
  - ランチ
- PM
  - 前期の振り返り
    - 達成できたこと、できなかったこと
    - 相互フィードバック
    - 取り組むべき課題
  - 今期のアクション、目標
    - 入社予定者・採用計画
    - プロジェクトと役割
    - 個々人の目標
  - テーマ議題
    - ｉ部内情報共有ツールの決定
    - ⅱメンターローテーション
  - 懇親会

2　開始時に、それぞれのコンディションや、今気になっていること、会に期待していること等を開示し合うこと。

こうした取り組みには、時間もお金も相応にかかる。それだけにどのような意義があるのか、経営陣の間でも賛否が分かれることがある。そうしたときには、理解を促すために本書の解説を活用してほしい。これらは、事業戦略を確実に実行していくための、組織投資なのである。

3 変化を記録する

[1] なぜ記録が必要か

こうした取り組みを経て、個々の成長とともに組織能力は伸長し、取り組める戦略の幅も広がっていく。したがって、戦略およびその目標の意思決定の際には、その時点における組織能力のレベルを客観的に見つめることが必要だ。

「客観的に見つめる」とは、さまざまなバイアスを取り除くということであり、それは個々人の記憶に頼るものではないということだ。個々人の記憶は、直前の記憶を色濃く残し（直近バイアス）、また、自分自身が得意としている領域は厳しく見てしまうバイアス（対比誤差）によってもゆがんでしまう。よって、記憶ではなく記録していくことが望ましい。

記録の際には、以下の点に留意して進めてほしい。

●デジタルに能力を測ることに固執してしまうこと

デジタルに数値化することで万人が分かりやすく把握できるようにはなるが、そのためのプロセスに多大なコスト（時間・金銭）を要する場合もある。

●個人が持つすべての能力を把握しようとすること

あくまでも、事業戦略－機能組織の戦略に必要な能力や周辺能力でよい。極端な例だが、業務にPCを使うことが当たり前の現代において、珠算の能力を把握することはさして意味がない。知っておいて損はないだろうと考えがちだが、やみくもに収集することで必要な情報が埋もれてしまうこともある。

[2] どう記録するか

では、何をどのように記録していくのかということが肝要になるわけだが、多くの方は、最近活用が広がっている、ITを活用した「タレントマネジメントシステム」などを思い浮かべることだろう。こうしたツールの導入ができればそれに越したことはないが、初期段階のスタートアップ企業にはやや大げさでもある。費用もそれなりにかかる。

こうしたシステムは、中規模から大規模の企業でその効果を発揮するものであり、50〜100人程度の規模であればマストなものではない。使用するものはExcelやスプレッドシートの類いで十分である（あくまでも、システムの類いは身の丈を超えるものだという意味で、記録自体が必要ないということではない）。記録対象人数が増えてから記録する準備をしようとすると、作業量が一気にのしかかり、突発的なコストになる。記録すること自体は早めにしておくに越したことはない。

[3] 何を記録するか

何を記録するのかについては、その組織で「キーになるもの」である。その一つとしては、業務に関連する公的資格などが挙げられる。例えば、不動産仲介事業であれば、「宅地建物取引士」の資格を持った社員が何人いるのかは重要な要素だろう。拠点展開を進める上でもキーになるはずだ。

また、どのような事業でも共通する事項としては、マネジメント能力が挙げられる。特に労働集約事業であれば、どの程度の規模の組織を任せられるのかは、事業戦略を履行する組織を設計する上で重要な要素だ。

こうした組織能力の記録は、昨今急激にその必要性が増しており、それを示唆する例がさまざま見られている。背景にあるのは、人的資本可視化の動きである。2018年12月、国際標準化機構（ISO）は人的資本のガイドライン（ISO30414）を発表した。2021年６月には東京証券取引所がコーポレートガバナンス・コードを改訂し、人的資本の情報開示に関する記載が追加された。さらに、同月、経済産業省は「非財務情報の開示指針研究会」を立ち上げ、金融庁は2023年度から有価証券報告書における人的資本の情報開示を義務化した[3]。

能力に関する記載は、現在は義務化の対象とはなっていないが、義務化される可能性がないとは言えない。本来は、企業が前進するための源の一つだからだ。まずは、何を主要な要素として記録すべきか、自社内で議論を始めることがスタートである。組織能力の重要性が社内で十分に理解されていない状態で、何を記録するかを検討しても手間だけが増え、スタートアップ企業にとっては、それこそ雑務になってしまう。

参考までに、ISO30414で定められている領域を示す［図表5-4］。それぞれの領域について、考え方や具体的なデータの例が示されている。

この中で筆者としては、Costs-7「Turnover costs（社員の離職にかかる費用）」が標準として定められているのに着目したい。このコストが世界的に見ても無視できないものになっていることが伺える。前章で採用偏重のリスクについて述べたが、採用増に踏み切る際には、現状のTurnover costsを把握してからがよいだろう。輸血（採用）の前に、まずは止血（離職防止）をしなければという事態は珍しくない。こうしたことも、記録があればこそ意思決定できることである。

3 「人的資本可視化指針」非財務情報可視化研究会

図表5-4　ISO30414で定められている領域

Human capital areas		Human capital metrics	Large organizations		Small and medium organizations	
			Internal	External	Internal	External
Costs		See 4.7.3 for detailed information				
	1	Total workforce costs	x	x	x	x
	2	External workforce costs	x		x	
	3	Ratio of the average salary and remuneration	x			
	4	Total costs of employment	x		x	
	5	Cost per hire	x			
	6	Recruitment costs	x			
	7	Turnover costs	x		x	
Diversity		See 4.7.4 for detailed information				
	1	Workforce diversity with respect to				
		a) age	x	x	x	
		b) gender	x	x	x	
		c) disability	x	x	x	
		d) other indicators of diversity	x	x	x	
	2	Diversity of leadership team	x	x		
Leadership		See 4.7.5 for detailed information				
	1	Leadership trust	x	x		
	2	Span of control	x			
	3	Leadership development	x			
Organizational culture		See 4.7.6 for detailed information				
	1	Engagement/satisfaction/commitment	x		x	
	2	Retention rate	x		x	
Organizational health, safety and well-being		See 4.7.7 for detailed information				
	1	Lost time for injury	x	x		
	2	Number of occupational accidents	x	x	x	x
	3	Number of people killed during work	x	x	x	x
	4	Percentage of employees who participated in training	x		x	
Productivity		See 4.7.8 for detailed information				
	1	EBIT /revenue/turnover/profit per employee	x	x	x	x
	2	Human capital RoI	x	x	x	x

Human capital areas		Human capital metrics	Large organizations		Small and medium organizations	
			Internal	External	Internal	External
Recruitment, mobility and turnover		See 4.7.9 for detailed information				
		Recruitment (IN)				
	1	Number of qualified candidates per position	x			
	2	Quality per hire	x			
	3	Average length				
		a) time to fill vacant positions	x	x		
		b) time to fill vacant critical business positions	x	x		
	4	Transition and future workforce capabilities assessment (talent pool)	x			
		Mobility (THROUGH)				
	5	Percentage of positions filled internally	x	x		
	6	Percentage of critical business positions filled internally	x	x		
	7	Percentage of critical business positions	x		x	
	8	Percentage of vacant critical business positions in relation to all vacant positions	x			
	9	Internal mobility rate	x			
	10	Employee bench strength	x			
		Turnover (OUT)				
	11	Turnover rate	x	x	x	x
	12	Voluntary turnover rate (without retirement)	x			
	13	Voluntary critical turnover rate	x			
	14	Exit/turnover reasons/leaving employment by reason	x		x	
Skills and capabilities		See 4.7.10 for detailed information				
	1	Total developing and training costs	x	x	x	x
	2	Learning and development				
		a) percentage of employees who participate in training compared with total number of employees per year	x		x	
		b) average formalized training hours per employee	x		x	
		c) percentage of employees who participated in formalized training in different categories	x			
	3	Workforce competency rate	x			
		See 4.7.11 for detailed information				

資料出所：ISO30414「Human resource management — Guidelines for internal and external human capital reporting」

4 能力が向かう方向―キャリア―

[1] できることが増えると“選択肢”が広がる

さまざまな経験を経て「できること」が増えると、改めて自分自身が何をしていきたいのかを考えることになる。スタートアップ企業では、基本的にジョブで採用してその道の専門となっていくため、ジョブローテーションは極めて稀(まれ)であり、ここでいう「できること」の幅は、一般企業と比べると狭いものになる。

それでも、この問いに向き合うタイミングがある。それは、専門の領域で、さらにできることを増やしてプロフェッショナルを目指すのか、その専門性を生かして、チームを率いていくマネジメントを目指すのかが問われる時である。

[2] 専門職かマネジメント職か

「圧倒的な成長性」で拡大する組織には、目指す方向性や課題の共有等、一定のマネジメントが必要になる。第2章で紹介したグレイナーモデルでは、第2段階の「指揮による成長」において、初期分業制により部長－マネージャーといった階層が構成され始める。

こうした職制の階層構造は必須ではないが、マネジメント能力が未発達な組織では、役割として設置することで、組織が機能しやすくなる。そこで、組織を設計する上で、誰をマネージャーに就けるかが課題になる。

マネジメント職に興味がある、目指したいと意思表明が明確な人材がいる場合は、その人のマネジメント能力の有無が議論の焦点となる。しかし、そうした志向性が明確な人材がいない場合は、上位職が適切な人材を選出することになる。

選出は、それぞれの組織でのマネジメント職の要件に照らして行われる（組織がどういった基準でマネジメント職の候補者を選出するかは、

第6章で詳述する)。その要件が、自分も行動しながらチームの技量向上に貢献していく技術指導的な役割であれば、今のプレイヤー職の延長であり、選ばれる側もさほど迷いは生じないだろう。しかし、これが「メンバーを通じて成果を上げる」マネジメント職である場合、迷いが生じるのだ。「自分は何をやっていきたいのだろうか」と。

[3] できることとやりたいことは必ずしも一致しない

組織としては、マネジメント職を引き受けてほしいので、本人が自分自身のキャリアをどう考えるかがポイントになる。マネジメント能力があるかどうかも重要な要素だが、自分自身がマネジメントをしていきたいかどうかが最も重要である。

キャリアを考える際によく用いられるWill－Can－Mustのフレームに当てはめて考えると、マネージャーポジションに就いてもらうことは組織視点でのMust、本人のマネジメント能力はCan、本人のキャリア志向はWillということになる(実際は他の要素もあり、こんなに単純ではないが)。この三つの力学によって意思決定される **[図表5-5]**。

厄介なのは、Willが明確になっていない場合だ。Can(能力)が明確

図表5-5　Will－Can－Mustのフレーム

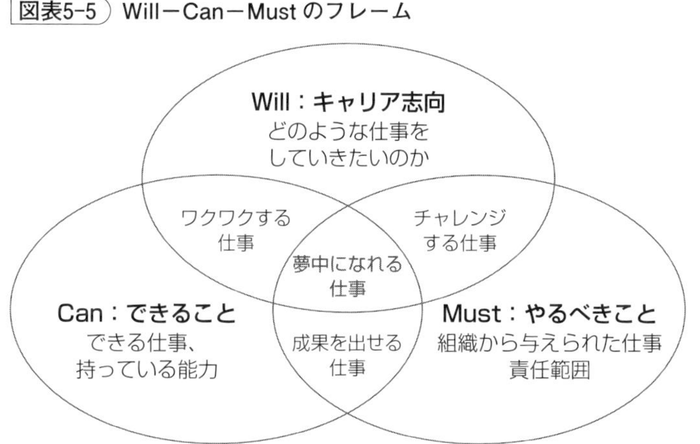

になっていないことも多いが、能力に関しては、日常的に観察することができるので、打診をする時点で全くないということはほとんどない。よくある悲劇は、Must だけが強く明確になっており、使命感や断れない組織の雰囲気・風土から引き受けてしまうケースだ。本人自身、能力としては何とか形になるものの、やってみて初めてマネジメントがあまり好きではないことに気がつき、気がついたがゆえに一層強いストレスを感じてしまい、休職・離職に至るというものである。

もちろん、やってみて、自分がマネジメントに面白さを感じるという気づきを得る場合も少なくない。その場合には良いスパイラルを生む。しかし、このように実際にマネジメントをさせてみて好きか嫌いかを判断させることは、のるかそるかの一種の博打だ。事業の停滞を生む可能性があるだけではなく、その人の人生を左右する可能性もある。これしか方法がないならいざ知らず、あえてこの博打的な方法を選択することはないだろう。

一般的な企業では、入社から数年を経れば、後輩や新卒社員等も入社し、マネジメントへの志向性を考える機会も自然と生まれる。しかし、スタートアップ企業の場合、特に初期は専門のジョブで募集を行い、その職種で活躍することを想定して入社が決まる。そこから「圧倒的な成長性」で組織はあっという間に拡大し、マネジメント志向を考える機会も生まれないまま、意思決定を迫られることになる。したがって、人為的に考える機会を創出しなければならないのだ。

[4] キャリアを明確にしておく人事戦略

本人がどういった方向性に進んでいきたいかは、問いを立ててすぐに気づきを得られるものではない。時間をかけ、日常業務を通して小さな思考を繰り返し、「マネジメントに進みたい／進みたくない」を行ったり来たりしながら、自分の志向を決めていく。

そのためには、人事がキャリアに対する造詣を深め、各人事施策のアクションに組み込んでいくことはもちろんのことだが、常日頃から上長がメンバーとキャリアについて対話を重ねることが必要である。よって、人事戦略としては、ごく自然にキャリアについての対話がなされるような取り組みが必要ということになる。

以下に有効な事例を示す。いずれも組織文化の醸成と仕組みがキャリア志向を決めていく上で有効であることが分かる。

事例5　キャリアの対話を促す取り組み例

■キャリア対話の階段（C社・社員数150名）

〈目的〉キャリアについて対話を重ねる文化を醸成する

① CEOが、CxO・本部長と定期的にキャリアをどう育んでいくかについて対話を重ねる。本部長は同様に部長と行い、部長は各メンバーとキャリアについての対話を重ねる。

② CEOが各個人の成長を重視することを社内で常に宣言し、人事制度策定にも積極的に関わる。

■チャレンジ人事異動（E社・社員数70名）

〈目的〉キャリア志向を実現する制度と仕組みを策定する

①部門長が定期的に各個人とキャリアについての対話をし、どのような道に進んでいくかを話し合う。

②話し合いを重ね、方向性が明確になり、それが現状の職務ではなく、なおかつ、希望先の部門で必要とされる能力を保有している可能性が高い場合、部門長から取締役人事部長に報告がなされ、原則として異動となる。

③部門長の職務としてキャリア対話は規定されているが、それとは別に、異動元の部門長は、人材輩出元として表彰される。

■チーム オフサイト（複数社）

〈目的〉チーム全員が各自のキャリアをオープンにする場を持つ

①四半期～半期末に、チームで当期の振り返りを行う場を持つ。

②チーム成果やチームの状態の振り返りが主なプログラムだが、チームメンバー個人の振り返りの時間も持つ。

③その際に、メンバーのキャリア観や目指す方向性の変化、その方向性に対する思いの強さの変化について共有し対話を行う。

5 本章のまとめ

[1] 能力の伸長とその認知

個々人ができることを増やす・伸ばすということは、多くの企業で実践されていることであるが、スタートアップ企業では、一般企業に比してそのためのリソースが十分ではない。しかし、それを補って余りある「経験の量」が存在する。

その「経験の量」は、自然と成長につながるものではなく、取り組む動機の再認識、「少し頑張れば達成できる」と信じられるストレッチ目標、そしてその振り返りといった作為的かつ再現性のある取り組みが必要である。

[2] 適切な記録

何がどれくらいできるようになっているかは、さまざまなバイアスにとらわれる属人的な記憶に任せるのではなく、できるだけ客観性を担保した記録にしていくことが肝要である。大げさなタレントマネジメントシステムでなくとも、簡易なものでよい。

こうして記録された能力は、事業戦略の幅や目標設定に影響を与える。スタートアップ企業にとって、この目測を誤ることは、キャッシュポジションを危うくし、「死の谷」を早めてしまう場合もある。

[3] 方向性が合致して初めて組織で活用できる能力

できるということ（Can）と向かいたいキャリアの方向（Will）は、必ずしも一致しない。組織が戦略を履行する上で必要なポジション（Must）だとしても、本人の Will に反して無理に配置すると、離職を招きかねない。苦労して獲得した組織能力である彼らを、そのような理由で手放すのはなんとももったいない。

不安定な環境のスタートアップ企業に個々人が飛び込むのには、それなりの動機がある。未知の事業領域へのチャレンジや、裁量を持って働きたいといった想いもよく耳にする。ミッションやビジョンに強く惹かれたといったこともある。自分が将来専門としたい職種の腕を磨きたいといった想いもあるだろう。

彼らがスタートアップ企業へ飛び込んだのは、キャリア志向に沿う体験を積むことができると考えたからだ。昨今は、働く中で社員がどのような体験——Employee Experience（EX）を積むことができるのかを明確にして採用活動を行う企業も少なくない。個人の志向を把握し、それに沿ったストーリーを持つ職務を提供する必要があるのだ。

キャリアについては「どうしたいか」と問いを立てたところで、すぐに意思が固まるものでもない。日常的に考え、業務を通してその意義や自分自身の感情を認識することで、初めて自分の意向が言語化できる。

人事戦略としては、日常的にキャリアについて話し合う文化や制度を構築していくことがポイントとなる。次章では、その組織能力をどう活用するか、具体的には、ポジションと個人をどうマッチさせるかについて解説を進める。

第6章

組織能力を活用する
—人事を行う—

本章のポイント

①スタートアップ企業の人事の特徴と必要な考え方の基準
②スタートアップ企業のポジションと配置の特殊性とその準備
③配置後に組織が機能する取り組み

1 人事とは何か

[1] 何を行うことか

世間一般的に捉えても、人事という言葉は幅広く用いられている。人的資源管理の全体を示すこともあれば、人材の配置そのものを示すこともある。また、採用・育成といった各機能を総合して人事と呼称することもある。企業内の機能としても、人事部がすべての機能を網羅していることもあれば、給与・労務は総務部が行っている場合もあり、実にまちまちな使い方をされている。

よって、人事という機能が何を行うかは、捉える人の文脈によって異なることがある。本章では、「人事を行う」＝「事業戦略に基づいた適正な配置を行う」として、以降話を進める。

[2] スタートアップ企業での人事機能の実態

スタートアップ企業で、配置計画を専門に行うスタッフがいることはまずない。筆者がこれまで関わってきた企業30社ほどの例を見ても、人事機能はせいぜい１～４％である（全社に占めるコーポレート機能の人員割合も、全体の８～12％程度）。従業員数50～100人規模で、２～４人程度である。組織規模や業種、IPO を目前にしているか否かなどにもよるので一概には言えないが、概して多くはない。経営として、一刻も早く事業を安定成長の軌道に乗せる必要があるため、プロダクト開発やセールス・マーケティングへ人的資源を傾斜配分するからだ。

成長の５段階モデル（第２章［**図表2-2**］）の第２～第３段階に当たるスタートアップ企業では、その１～４％の人事機能は、ほぼすべて採用機能と給与・労務機能に割り当てられている。採用は、事業の「爆発的な成長」を支える源泉であることと、給与・労務は、業務に伴う種々の労務対応や社内ルール整備、および労働安全衛生法等への対応が必要になるからだ。

では、本章で扱う、事業戦略に基づく配置は誰が担うのかといえば、主として部門長と経営陣が担う。先行投資をして経験豊富な人事部長や人事担当者を採用している場合は、彼らが素案を作ることもあるが、それでも配置を実施する主役は部門長だ。

その配置に伴うさまざまな実務（システム上の変更や人事発令、組織図の変更、承認フローの変更など多数ある）は労務担当者が行うが、その際に違和感を持つこともあるようだ。労務担当者が持つ個人の情報と、部門長や経営陣が持つ戦略の情報が、それぞれ非対称になっていることがその原因に挙げられる。

本章で示す内容は、そうした非対称の解決にもつながるので、人事担当者だけではなく、事業部門の長にも熟読いただきたい。

2　組織能力を活用する基準

［1］組織の価値観

組織能力を具体的にどう活用するかは、100の会社があれば100通りあるといってよい。それぞれの考え方がある。分かりやすい例でいえば、俗にいう「ブラック企業」は、個々人・組織能力を「使い捨て」していく考え方なのだろう。

昇進・降職についても同様だ。何を尊び、何をあしとするかは、その会社の価値観による。成果を重んずるところもあれば、行動をベースに考えるところもある。

組織の在り方についても同様だ。家族的な雰囲気を良しとする会社もあれば、手続きやルール重視の官僚的なコミュニケーションを良しとする会社もあるだろう。

ブラック企業の例を除けば、こうした考え方はどれが良い悪いではなく、それぞれの価値観なのだ。この価値観が個人のキャリアをどう扱うか、どのような人を役職に就けるか、どのような組織を目指すかに影響を与える［**図表6-1**］。

この影響は、直接的には経営陣や組織の長の言動からもたらされる。組織の中で働いていて、上長の指摘や叱責などから、「部長はこういったやり方を好むのだな」といった感想を持った人も少なくないはずだ。また、間接的には評価や賞罰、就業規則といった組織の制度を通してもたらされる。ほかには、オフィスのレイアウトなどからも、その組織の考え方をうかがい知ることができるだろう。

［2］組織の価値観の移ろい

こうした価値観は、企業のミッションやバリュー、そして営む事業の

図表6-1　組織能力の活用の簡易なイメージ

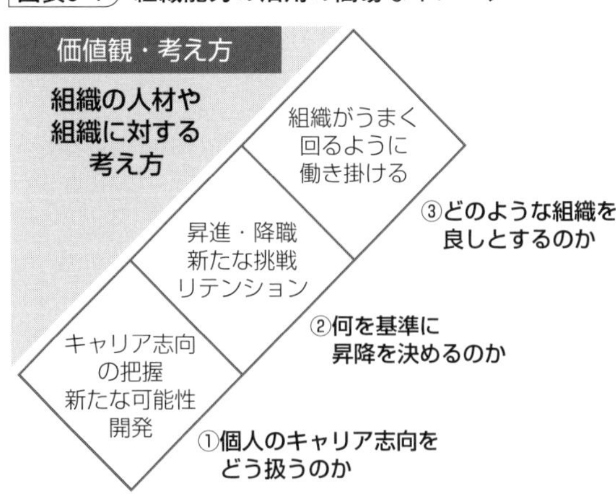

性格、経営者（特に創業オーナー）の思想からもたらされる。そして長い時間をかけてその組織に定着し、「らしさ」を形成していくのだ。

会社の年数が経過していくうち、この価値観は変化していくことがある。その原因として、事業が軌道に乗り定型化したことや、ミッションやバリューの形骸化、新規事業の成長、経営者の交代等さまざま挙げられる。

価値観の変化は、昇進・降職の基準や、組織の在り方へも当然に影響を与える。あまりにも頻繁に起こる変化や、行き当たりばったりの変化は、この会社が何を良しとしているのかが把握しづらくなり、組織と個人に混乱を与えてしまう。

特に、スタートアップ企業では事業のピボット（＝方針転換・路線変更）も珍しくないし、「爆発的な成長性」から、昨年まで機能していた人事制度が今年はうまく機能しないといったこともある。大幅な増員を行い、マネジメント層が一人ひとりまで目を配れなくなった等がよくある原因だ。

そうした課題を解決するために、ミドルマネジメントの階層を増やすなど種々の解決策を立てるわけだが、その際に眼前の課題にだけ目を向けていると、企業としての価値観が少しずつ薄れていってしまうことがある。単年ではなかなか気がつきにくいが、徐々にその変化は積み重なり、数年たつとすっかり変わってしまう。そうなると従業員の間では「うちの会社も変わってしまったな」といった声が聞こえるようになる。

厄介なのは、経営陣や人事では、その都度うまく環境変化に適応して修正しているつもりだということだ。つまり、会社の価値観まで変えているつもりはないのだ。この認識のずれが実に多い。このずれがある限り、いくら労使で対話を重ねてもかみ合わない。

[3] スタートアップ企業に有効なHRMポリシー

スタートアップ企業は、内外の環境変化に機敏に対応しようとするので、同じ人事制度をそのまま適用していくことはなく、毎年バージョンアップという名の修正が施される。少しずつ変化するので、なおさら社内との認識のずれには気がつきにくいのだ。

こうした認識のずれが起きないように、HRM（Human Resource Management）ポリシーの制定をお勧めしたい（学術的には「HRポリシー」と呼称されることが多い）。その名称のとおり、自社の求める人物像やマネジメントの基本方針を定めたものである。

環境変化や戦略の変化を踏まえて各種制度の変更を行う際に、その依拠するところをHRMポリシーに置くことで、都度の変更を行っても組織の価値観がぶれることはなくなる。

HRMポリシーとは（筆者まとめ）

1. 原則として、外部環境の変化に左右されない基本方針である
2. 自社の人材のあるべき姿、またそのあるべき姿へ到達するためのマネジメントの基本方針である
3. 事業の成長に資するものが推奨される
4. マネジメントの行動原則であり、採用・育成・報酬といったHRM諸機能の方針の上位概念となる
5. HRMポリシーでは、各機能における最終結果のみならず、プロセス方針も定められる
6. HRMポリシーに則（のっと）った制度・マネジメント行動が、従業員のバリュー行動を促進し、ビジョンへの到達確度・スピードをもたらす

HRMポリシーに基づいた制度やマネジメント行動が、組織のバリュー等の価値観に即した行動を強化・促進し、戦略実行を推進する。結果としてビジョン到達へ向かうスピードを速めることになる。これら

すべては、何を重んじるかといった組織の価値観・考え方そのものである［**図表6-2**］。

HRM ポリシーは、人材マネジメントにおける各種制度の根幹となるので、経営メンバーと人事、およびマネジメントメンバーも巻き込み、慎重に定める必要がある。よって、それなりのコストはかかるので、取り組むには相応の意思統一をしておかねばならない（マネージャー陣の部署メンバーへの日々のマネジメントコストを考えれば、HRM ポリシーを定めるコストなど、はるかに安いものではないかと筆者は考える）。

そして、人事各機能の方針も HRM ポリシーを基に設計されていくので［**図表6-3**］、各機能間での不整合を防ぐことができる。HRM ポリシーがない場合によく起きるミスが、戦略の変更に伴う採用時の人物像の変更だ。この際に、育成の基準や配置・評価の基準と矛盾がないように調整しなければならないが、その調整は忘れられがちだ。HRM ポリシーがあれば、どの機能もそのポリシーに則って制定・変更を進めればよいので、不整合が起きることはない。

図表6-2 ミッション・ビジョン・バリュー、HRM ポリシーの関係

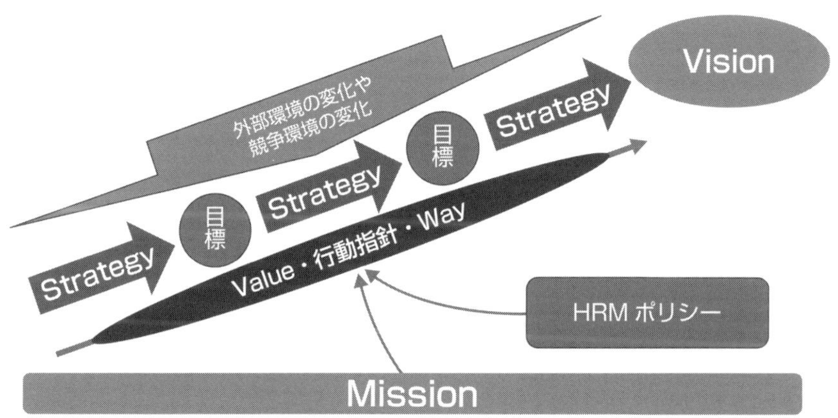

図表6-3　HRM ポリシーと各機能方針・制度の関係

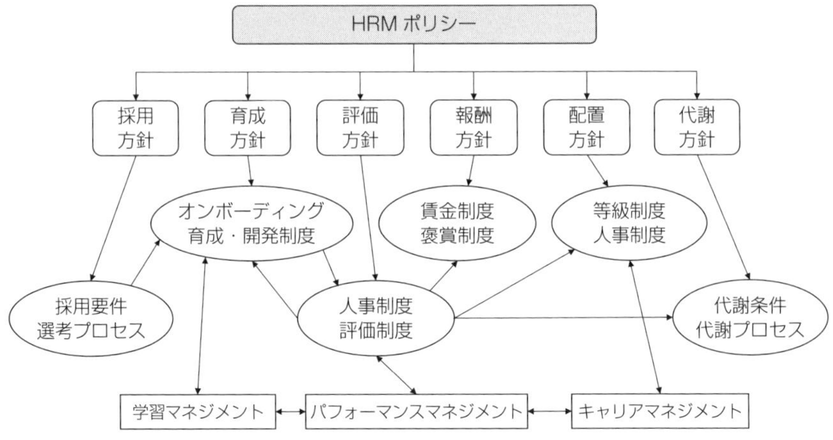

HRM ポリシーは、ミッションやバリュー、経営陣の思想に基づき策定していく基本方針であるが、その基本方針によって事業が成長しなければ意味がない。よって、営む事業の成長に資する特徴を備えることも必要である。

3　事業戦略とキーポジション

[1] 配置するポジションの方向性

実際に組織能力をどう活用するかについては、複数の方法がある。具体例として、今行っている仕事から、より高次の仕事に配置すること（ジョブ・エンリッチメント）、仕事の範囲を拡大・再構築し配置すること（ジョブ・エンラージメント）、そして新たなポジション・役割に配置すること、が挙げられる［図表6-4］。

ジョブ・エンリッチメントは、個人の自己管理要因が増えることとなり、より自律性を引き出すことができる。ジョブ・エンラージメントは、仕事の慣れからくる退屈さを緩和するのと同時に、スキル向上を通じて

図表6-4　配置の方向性

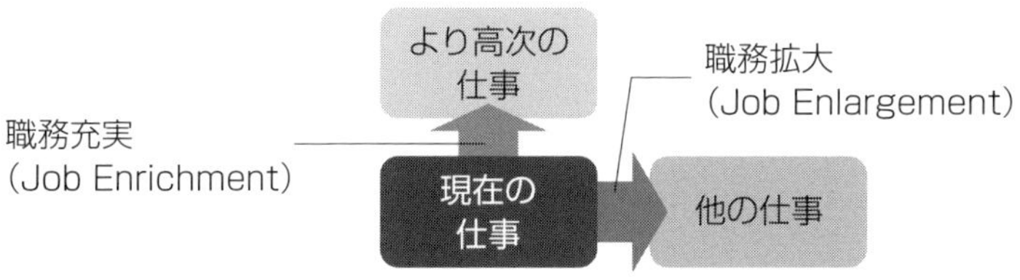

資料出所：Robbins, S. P. (2005) *Essentials of Organizational Behavior 8th edition.*（高木晴夫訳（2009）『新版 組織行動のマネジメント』，ダイヤモンド社）

モチベーションの強化につながる。

しかし、これらの施策は、既にある人的資源（個人）をどう活用するか、という範疇（はんちゅう）にとどまり、事業戦略との関連性が乏しい。事業戦略を確実に実行していくという観点では、新たなポジションへ配置・活用することを考えたい。

[2] 事業成長の速度に応じて新設されるポジション

事業が成長するということは、これまでと異なった戦略が必要になること、それを実行する組織が必要になることを意味する。例えば、これまではユーザー獲得・市場シェア獲得が戦略であり、そのためにマーケティングとセールスへ全資源を集中していたが、ある程度シェアを獲得した後は、それを維持するために、ユーザーのサービス活用を広げて解約を防ぐ「カスタマー・サクセスチーム」を新たに発足させ、そちらに資源をシフトするといったことである。

その他、高次のマネジメントポジション、競争力の源泉を磨きこみ活用する新たな高度専門職、エリア拡大による新たなエリア担当者やマネージャーなど、事業が有望であるほど事業成長のスピードは速く、ポジションが新設されるスピードも速い。

人事担当者にしてみれば、やっとすべてのポジションが埋まったと思ったら、すぐに欠員が出るような状態だ（欠員が埋まっている状態はほぼなく、常にどこか欠員があるのが通常ともいえる)。光の速さといえば大げさだが、人事担当者にはそのくらい速く新設されるように感じるものだ。

[3] 新規性=未知のポジション

ここでいう「光の速さで新設されるポジション」は、厄介なことに「難しい上に誰もやったことがない」という特性も併せ持つ。類似の事業はあるものの、スタートアップ企業が展開するのは、基本的には世の中にとって革新的な事業である。つまり、既存のマーケットはない。初期〜中期は、中途採用がほとんどなので、以下の図式が出来上がる。

A:新しい企業・組織×B:新しい事業×C:新しいポジション

A、B、Cそれぞれ単独でも一定の難易度があることは、容易に想像がつくだろう。これが三つも掛け合わさるのだ。ぴったりはまるロールモデルは当然存在せず、何をすればうまくいくといったコンピテンシーも明らかでない。つまり、このポジションのおおよその特性は想定できるにしても、成功事例がないのである。まさに暗中模索状態なのだ。

[4] 事業戦略のキーとなるポジション

以上のことから、新設されるポジションは、事業を推し進める上で必要不可欠である「キーポジション」となる確度が非常に高い。新設されるすべてのポジションがキーポジションとなるわけではないが、こと事業部門で新設されるポジションは、事業戦略と無関係のものはない。

そして、このキーポジションが次々と新設されるわけである。難易度の高いポジションであっても、確実に人材を配置していかなければ、事業の歩留まり低下を招き、マーケット成長に乗り遅れることにもなりかねない。

これは、決して大げさなことではない。前掲 **[図表2-2]** で示した組織成長の第3段階は「権限委譲による成長」であった。この権限委譲により組織はスケール（拡大）化して、よりダイナミックな事業戦略を実行できるようになる。

しかし、権限を委譲する相手がいなければ、組織はいつまでたってもスケールできず、行える戦略も変化しない。その間に競合は育ち、マーケットシェアを奪われてしまうのだ。スタートアップ企業で、事業戦略と人事戦略をより一体化して進めなければならない理由がここにある。

それでも難易度の高さゆえに、キーポジションは空席にされがちだ。その多くは「誰かいい人が見つかるまでは……」といった何となくの理由による。しかし、そんな悠長なことは言っていられない。ユーザーの志向性の変化は速く、現状のままではキャッチアップできない恐れもある。また、待ったからといって、未知のポジションを担える人物が都合よく現れるとは限らない。

このキーポジションを担う適任者が社内におらず、新規採用を行うことも少なくないのだが、「市場にいない人物」を採用しようとして結局空席のまま、という例もよく見かける。採用に、すべてを解決してくれるスーパーマンの登場を期待してはいけない。

次いでよくあるのが「兼務」だ。しかし、この「兼務」はお勧めしない。

「兼務」とは、既存の職務に就いている社員あるいは役員を、一定の業務比率で新たなポジションに就かせる方法だ。それによって空席が埋まり、組織図上は配置が完了して何となくの安心感も醸し出されるので、一見良い解決方法のように見えるかもしれない。

しかし、だ。一つのポジションですら簡単なことではないスタートアップ企業である。それを兼務することは果たして本当に可能なのであろうか。言うまでもなく、人には「キャパシティ（許容量）」というものがある。チーム・業務が違えば、携わる関係者も異なるし、必要な知識も異なる。業務比率を定めたとしても、すぐに頭を切り替えることは難しい。仮に兼務比率70％：30％だとすると、それぞれでロスが発生し、実質はせいぜい50％：20％程度になってしまう（30％のロス）だろう。筆者も何度か兼務をした経験があるが、決して効率も効果も良くはなかった。

ましてや、事業の「キーポジション」である。一時的にはやむを得ない場合も確かにあるだろう。しかし、組織図上解決しているように見えてしまうと、そのポジションをどうにかせねばというアクションが遅れる。その分問題も大きく、さまざまな事情を差し引いても「兼務」は悪手と言わざるを得ない。

この不可能をやってのける人物が稀（まれ）におり、素晴らしい成果を上げてみせることがある。物理的にもどう考えても難しいと思われても、なぜか期待を集め、やってのけてしまうスター社員だ。稀に現れるこうした救世主の二番手・三番手を期待して兼務を行ってしまうのが悪習なのだろう。苦しい時の神頼みというものに近い。

しかし、実際には、その時の内外の環境要因などの組み合わせが作用していることが多く、必ずしも個人の力による成果とは言い難い。すべてを魔法のように解決してくれるスター社員は、めったにおらず、原則的には兼務はやはりお勧めしない。

4 スタートアップ企業の人事

[1] ポジションと個人の突合

こうした難易度の高いポジションに、どう個人を配置していくのか。第５章で述べたとおり、個人の能力は変化するし、スタートアップ企業に飛び込んだ各々の物語もある。期待している経験もある。当然、それらを念頭に置いた、実に複雑なパズルをやってのけねばならない。この複雑な突合パズルが人事である。ポジションと個人の突合とその結果によるアクションは、ひし形モデルで説明できる［**図表6-5**］。

「ポジション」は、事業戦略を確実に実行していくための組織の堅牢（けんろう）性、「個人」は組織内能力の可視化といえる。これらを突合させた結果、マッチすれば社内での異動・配置、マッチしなければ外部からの調達（採用）ということになる。

厳密には、新規のポジションの場合、図表にある「後継者の定義」ではないのだが、いずれにせよ人物像の定義が必要であることには変わりないので読み替えて対応されたい。

［2］適材適所か適所適材か

さて、机上の論理ではこのように整理がつくが、実際のところは、ポジションを埋めることを優先するのか、個人の想いを優先するのかの岐

図表6-5　ポジションと個人の突合

路に立たされることがほとんどである。「複雑なパズル」と表現したが、まさにそのとおりで、スタートアップ企業では、その時のキャッシュポジションによる制約、同時達成しなければいけない戦略のポジション、それに対して選択できる人材の絶対数の少なさ等々、実に検討要素が多く、部門長も経営も人事も一様に頭を悩ませる（頭を悩ませない場合は、候補人材が豊富に存在するか、前もって採用が進んでいるか、何も考えずに乱暴に配置しているかのいずれかである）。

このような難儀な状況であるから、ポジション・個人のどちらかを軸に進めねばならない。「適材適所」という言葉があるが、個人を適材、ポジションを適所と見立てたときに、どちらを先んじて考えるべきなのだろうか。

ただでさえ少ない人的資源を丁寧に扱うことを考えれば、個人が先に立つ。また、人的資源が豊富に存在した昭和の時代も個人が先、つまり「適材」が先であった。安定した外部環境、終身雇用が前提の雇用制度の中で、企業内の選抜で生き残った者を重要なポジションに登用していったのである。多くの日本企業では、適材を先に考える風土が一定根付いており、それが故に、組織へのロイヤルティやコミットメントが生まれていることも考えられる。欧米では、適材を全く考えないことはないものの、適所を先に考える風土が一般的であり、適材を念頭に置く配置習慣は、日本型の人事管理といえる。

石山（2020）は、柿沼（2015）、McCall（1998）を援用し、かつての日本企業の人事管理の仕組みを「適者生存日本型人事管理」と呼んで、その効果が発揮されるメカニズムを明らかにしている［**図表6-6**］。このことからも、適材を先んずる日本型人事管理は、一定の効果を生んできたといえる。

また、石山は同時に、日本型人事管理が効果を発揮できないメカニズムも明らかにしている。効果があるメカニズムと効果がないメカニズムの差異が、実に興味深い項目なのだ［**図表6-7**］。

図表6-6　適者生存日本型人事管理が効果を発揮しているメカニズム

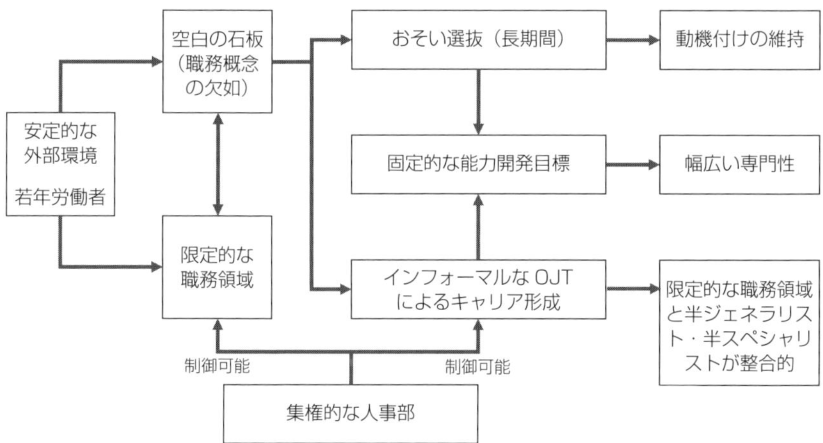

資料出所：石山恒貴（2020）『日本企業のタレントマネジメント』，中央経済社，p.75

図表6-7　適者生存日本型人事管理が効果を発揮できないメカニズム

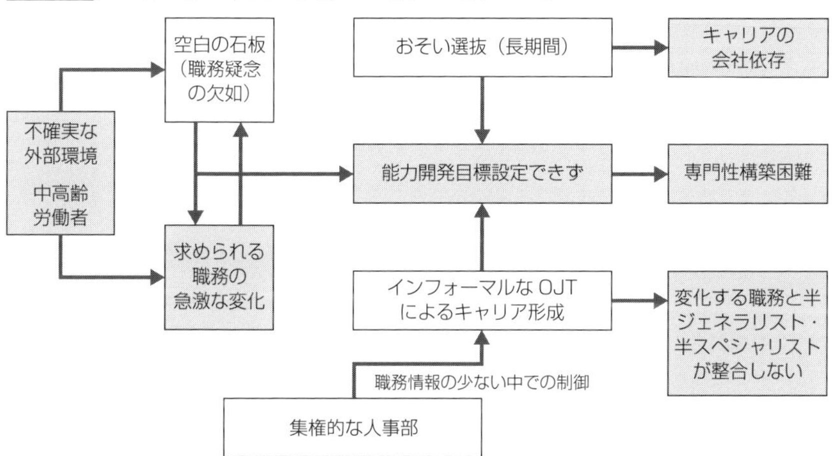

資料出所：［**図表6-6**］と同じ（p.76）。［**図表6-6**］との相違点を筆者が着色して示した。

［図表6-6］と［図表6-7］を比較すると、効果を発揮できないメカニズムの大本には「不確実な外部環境」があることが分かる。つまり、安定的な環境では、企業組織にフィットする「適者」が生き残れるようなシステムは人的資源の有効活用につながるが、環境が不確実になると、途端に機能しなくなるということだ。専門性も構築できず、ジェネラリストもスペシャリストもうまく機能しないのだ。

［3］スタートアップ企業は「適所」が先

スタートアップ企業が身を置く環境は、言うまでもなく後者の不確実な環境である。今の環境に適している「適者」を先んじて考えていては、環境変化に適応していけないのである。環境変化に適応するために、事業戦略を柔軟かつ適切に変更し、その戦略を実行する組織をつくっていかねばならないのだ。それができなければ、資金力も組織力も乏しいスタートアップ企業は、環境変化の激流に飲まれて消えてしまう可能性すらある。

もちろん、適所を先んじて考えるからといって、個人の能力やキャリア志向を無視してよいわけではない。これらの把握を怠れば、人的資源は簡単に流出してしまう。大手企業と違い、充実の待遇も福利厚生もない。キャリア形成の道まで絶たれたら、スタートアップ企業にしがみつく理由などないのだ。

したがって、環境変化と個人のキャリア志向と双方を考慮に入れたメカニズムが必要となる。石山に倣い、スタートアップ企業での人事管理のメカニズムを［図表6-8］に示す。

いくつかのポイントについて解説する。まず、「明確な職務概念」と「合意した職務の変化」だ。これは、外部環境と個人のキャリア志向の双方を可視化して、部門長らと本人とで共通認識を持つことから始まる。その上で、どのような職務内容や役職の道筋を通って双方の満足を

図表6-8　スタートアップ企業における人事管理のメカニズム

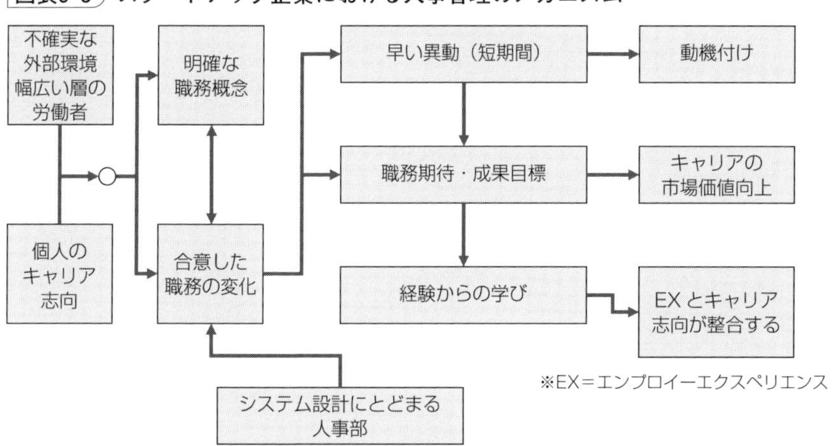

得るかを話し合うのだ。

始めから双方が合致していれば、職務概念はより一層明確になる。また、話し合いの結果として職務の変化があれば、その話し合いのプロセスを持つことで意味づけされるという点において、職務概念の明確化が図れる。

職務概念が明確にならない場合や、双方の満足が得られない場合は、職務として何をすればよいかが分からないのではなく、「なぜそれを行うのか」に腹落ちできていない、その理由が理解できていない状態にある。その場合、「話し合う」という行為はなされているかもしれないが、内容が不十分である可能性がある。双方が、相手が伝えようとしていることを、傾聴して理解しようとする姿勢が必要だ。

次に挙げるのが、「システム設計にとどまる人事部」だ。適所の詳細も、個人の能力の発展度合いも、仮にシステム導入など工夫を凝らしたとしても、少ない人数の人事組織がすべてを把握しコントロールするのには無理がある。スタートアップ企業の組織規模であっても、すぐに限界がくる。取り巻く環境の変化も速いし、業務と個人の、いずれの専門性もどんどん深くなっていくからだ。人事組織で無理に一括管理を続けると、記録する内容もあやふやになり、粒度もまちまちになってしまう。その内容を元手にして人事を行うことは正確性に欠ける。

人事組織としては、（部門長等の）適切な人が、（戦略・組織の変更等の）適切な機会に、（タレントマネジメントシステム等の何らかのデータベースを用いた）適切な方法で、適所に適材をアサインできる仕組みを整えることを主眼とすべきである。

5 人事を行う準備

[1] X カ月後をにらんでの取り組み―シナリオプランニングを行う

ここまで、スタートアップ企業において適所（ポジション）と適材（個人）をどうマッチさせていくかを解説してきた。「適所適材」を実現していくためには、その事由が発生した際に考え始めていては、到底間に合わない。ある程度の時間軸を通して備える取り組みが必要だ。

(1) X カ月後の事業状況と、必要な組織体制

まず、事業計画や現時点での事業コンディション、責任者の見込み等から、X カ月後には事業がどのような状況になっているかを考えておくことが必要だ。それによって、その時の事業戦略を実行するにはどのような組織体制が必要で、どういったキーポジションがいくつくらい発生するのかを予測するのである。そして、社内に該当者がいない場合、外部からの採用を早い段階から進める必要がある。

「X」に入る時点は、通常の中期経営計画等であれば3～5年スパンであろうが、スタートアップでは3～6カ月、長くて1年程度である。あっという間の期間ではあるが、こうした短い期間でも環境の変化およびそれに適応する戦略の変化は十分に起こり得る。

組織体制においては、もう少し長いスパンで考えておく必要性もある。IPOまであと数年という時期（n－３期、n－２期）には、事業の成長に応じたコーポレートガバナンスのルール・体制を整備する必要性が生じるからだ。それに対応した取締役（場合によっては執行役員）・監査役（場合によっては、監査等委員の取締役）の配置も必要になってくる。そうした人員はすぐには準備できない。重要なポジションだけに年単位での準備期間も必要になる。

難しいのが、準備が早すぎても「too much」になるということだ。早めに準備できるに越したことはないだろうとも思われがちだが、役割として必要なければ、その時には「余計な仕事」が発生することにもなりかねない。報酬・給与といったコスト面でもtoo muchになる。準備できる余裕があれば、その労とコストは事業成長に向けるべきだろう。

早くてもダメ、遅くてもダメといった難しさがあるからこそ、人事組織としては事業のシナリオプランニングを、事業サイドが考える水準以上に行っておく必要がある。組織の準備には時間がかかる。それに加え、事業成長の最良のシナリオと最悪のシナリオを想定しておくことも必要だ。

(2) Xカ月後には誰がどのような活躍を遂げているか

個人についても同様に、Xカ月後にどのようになっているか、推察しておくことが必要だ。ある個人が、何らかの体験や成果を上げることを通して、飛躍的な成長を遂げる様は、皆さんも目の当たりにしたことがあるのではないだろうか。スタートアップ企業の環境では、その「革新性」から、業務内容も未知のものが多く、創造力・行動力が養われやすい。その結果、「切り拓く力」とでもいうべき、未知の領域にも臆せず取り組み、成果を上げる力が養われる。

成長の逆もしかりだ。有能な人材が昇進を果たした後に限界を露呈する「ピーターの法則」のとおり、新たな職務で伸び悩んでしまう場合もある。自身の体調やメンタル、家族等のプライベートな環境などによっても、個人が力を発揮できるかは左右される。

また、第2章で述べたとおり、組織が新たな成長の段階に入る際に、これまで活躍していた人材が活躍できなくなることもある。その活躍できなくなった人材は、改めて自分自身のキャリアに向き合うことになり、その結果転職することもある。

これまでのような活躍ではないにしろ、一定のパフォーマンスを発揮できる人がいなくなってしまうことは損失であり、成長が見込まれる人材と同様に注視する必要がある。

こうした個々人に向けた推察は、社員全員に対して行うことができればそれに越したことはないが、組織の規模が拡大するにつれ難しくなる。その場合、人事が直接行うのではなく、ミドルマネージャーが行う1 on 1などを通しての把握、ストレスチェックでの把握、その他診断ツールなどを用いるのでもよいだろう。

加えて、人事は、複数存在するであろう社員のコミュニティに何らかのタッチポイントを持っておくことをお勧めする。趣味の集まりもあれば、勉強会もあるだろう。職務を離れたコミュニティでは、取り繕わない本音も出やすい。こうしたタッチポイントでの定性的な情報を加え、多角的に把握していくことで推察の確度は高まる（ただし、あくまでも補足・補完情報にすぎない）。

[2] 適者開発

未来を見据えて考えると、「その時点の適所に求める要件」と、「現在の個人の能力」との差分が明らかになる。それを基に、異動・採用といった選択肢だけではなく、どうすればその要件に近づけるかといった取り組みも可能だ。

前述の石山は、適者生存日本型人事管理の行き詰まりを打破するのは、タレントマネジメントの考え方を導入した「適者開発」だと言及している。つまり、適所にマッチさせられるような人材開発を行っていくということだ。ただし、その取り組みの問題点として、日本企業では職務概念の欠如があるため、能力開発目標を設定しづらいことを挙げている。

一方、スタートアップ企業では、職務概念は明確であり、この問題点はクリアできる。異動・採用に加え、適所（キーポジション）に合わせた適者開発も実務的な選択肢となり得る。

この適者開発を進める上で、実際に行うべきことは、実はここまでに図表で紹介しているタレントマネジメントの「ひし形モデル」そのものなのだ。戦略に基づいたタレントを確保し、オンボーディングとチームビルディングを施し、配置し、獲得した経験や能力を記録し、キャリアについて日常的に対話を重ね移行を明らかにし、その目標に向けた業務配置や能力開発を行う――という一連の流れである。採用や育成といった業務軸での切り取りではなく、戦略とタレントを軸にした取り組みが必要である理由がここにある。

[3] 個人の成長と抜擢人事

この「適者開発」は、抜擢（ばってき）人事といった人事施策にも通ずる。第5章でも触れた「ロミンガーの法則」では、成功したリーダーの学びの70%が「困難な仕事から」であったと結論づけられている。

そうした意味では、前例がなく足掛かりに乏しい適所＝キーポジションではあるが、「ポジション要件に近い実績」や「キャリア志向」が合致していれば、抜擢人事を行い、経験させてみるという方法も、スタートアップの人事としては、積極的に取るべき施策とも思う。

抜擢人事とは、そもそも年功序列的な等級制度や慣行がある状態で、実績や能力を重視し、早期に重要なポジションに就けることであるから、中途採用が前提であるスタートアップ企業では当たり前といえば当たり前の人事施策であるようにも見える。

しかし、そのようなスタートアップ企業でも、しばしば年功的な人事が行われてしまう。社歴が長い人は組織内での知見も豊富で周囲から頼りにされることも多く、それを見ている経営陣が何となくキーポジションに就けてしまうのだ。第5章で述べた能力の把握を怠っていると、頼りにされる＝信頼される＝マネジメント職（あるいは高度プロフェッショナル職）に向いている、という論理の飛躍が起きてしまう（ひし形モデルでは、このようにうまくいかないことが起きた場合、前のブロックに当たる取り組みに問題があることが多い）。

抜擢人事を有効なものとするには、チャレンジが尊ばれる文化の醸成や、失敗した時に円滑に元の職務へ戻れるような補助的なシステムも必要である。

抜擢というくらいなので、確たる能力要件の適合度は、その時点では明らかになっていない。それは周囲も本人も知るところであるから、性格によっては抜擢されても尻込みすることもある。そうした時に、チャレンジすることが良しとされる組織文化であれば後押しになる。

また、そのチャレンジの結果、まだ早かったという結果になることもある。多くの制度では、そうした際の処遇として「降職」という扱いになる。この「降職」に良いイメージを持つ方はほとんどいないだろう。チャレンジした結果、「降職」という憂き目に遭う可能性があれば、単純な損得勘定でも割に合わない。

しかし、あくまでもチャレンジ、お試しであり、その結果、元の職務に戻ることも良しということが制度として定められていれば、純粋に経験を積むことができて「得」になる。

また、キーポジションへのチャレンジに伴い、給与も上昇することも多いわけだが、これも元に戻りにくくする障壁になる。チャレンジ＝頑張った見返りの報酬として既得権と捉えられるからだ。こうした点にも留意し、抜擢人事と併せて、元の職務に戻れるお試しチャレンジができるような制度の工夫をお勧めする。

6　戦略実行に向かう組織にする ―どのような組織を良しとするのか

［1］人事配置をして終わりではない

組織の戦略は、基本的にその組織の長が立案し、実行責任を持つ。したがって、企業全体の考え方に基づくものの、その組織の長の考え方に大きく依存する。このため、新たな戦略においてこれまでとは大きく考え方を変える必要がある場合、戦略的な人事が行われることがある。

しかし、戦略的な人事配置をしたとしても、その組織が考え方を急に変えられるわけではない。組織の価値観は、行動に影響を及ぼし、その行動から結果が生まれる。その結果は、さらに価値観を強化し、行動は習慣となる［**図表6-9**］。このサイクルは強固であり、容易に転換を図れるものではないのだ。

キーポジションに適合したタレントを配置することで、戦略を実行する組織が出来上がるわけではない。配置は組織づくりの終わりではな

図表6-9　価値観のサイクル

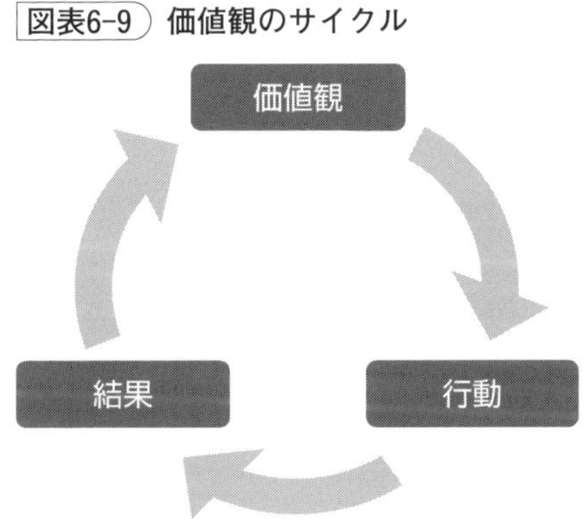

く、始まりなのだ。真に効果的な組織にしていくためには、意図を持った戦略的な取り組みが必要になる。

[2] 組織の価値観は簡単には変えられない

ここでいう戦略的な取り組みは、決して簡単なものではない。習慣が簡単に変えられないことの例えとしてこんな話がある。

アメリカの海兵隊のミーティングで、将校が隊員に「通常は時計を左手にするように定められているが、明日は時計を右手にしてくるように」と命令したそうだ。軍隊での上官の命令は絶対である。特に海兵隊といえば精鋭部隊として知られ、そこに集められていた隊員はエリートである。しかし、その海兵隊ですら、翌日時計を右手にしてきたのは、100名中わずか３人であったという。

この話が本当かどうかは分からない。しかし、身に付いた習慣を簡単に変えることができないのは、誰でも経験があるだろう。夜更かしをやめる、スマホから離れる、おやつを食べないなど、トライはしたものの失敗に終わった経験は、身近なものでイメージしやすいだろう。

習慣を変える難しさにおいては、大手企業でもスタートアップ企業でも変わらない。しかし、置かれた環境と資源には大きな違いがある。

一般的な企業であれば、組織の考え方・習慣を変えていく際にも、許容できる時間がある。企業体力があり、かつ充実した間接部門のリソース・習熟度の高いマネジメント能力があるからだ。そうした資源を活用してじっくり取り組むことができる。

しかし、戦略の転換を素早く実行することが求められるスタートアップ企業では、組織の考え方や習慣も素早く転換する必要がある。使える資源は乏しいし、試行錯誤して迷っている時間はない。効果的な取り組みを知り、速やかに実践することが不可欠である。

[3] 組織を変えていく３Step

実際にどうやって組織変革を行っていくかは、Levin（1947)、Kotter（1996)、Schein（1999）らが参考になる。祖となる Levin（1947）は以下の３Step で組織変革のプロセスを表している。

①解凍

- 危機感の共有
- 新しい考え方・やり方が必要であること
- 既存の価値観・方法論の解凍
- 不安の解消
- 抵抗力との対話

既存の考えを解きほぐす Step
対話を重ね、変化の必然性を説き、不安を取り除く

②変革

- 新しい考え方・やり方の学習
- 人材育成
- 対話
- 変化の共有

新たな方法を組織に取り入れ学習する Step
対話を重ね、変化の効果性を共有する

③再凍結

- 定着化・慣習化
- 成功事例の共有
- 変化の実感
- 自発的な行動
- 新たな価値観・考え方・やり方の根付き

新たな方法を定着化させる Step
成功体験の共有等で、新たな方法が自律的に行われる

①解凍と②変革の Step には、対話という要素が入っている。つまり、組織に新たな考え方・方法を取り入れて変革を進める際に、一方的な

トップダウン形式では、行動にまで至らないということだ。

それまでは既存の考え方を信奉し、その考え方に則った行動をとることで評価を得てきたのだ。アイデンティティの一部になっている場合もあるだろう。急きょ「新たな方法に変わります」と言われて、「はいそうですか」とは受け入れられない。そこには、互いの考え方を忌憚なくさらけ出し、インタラクティブに意見交換する対話が必要なのだ。

[4] スタートアップ企業での組織変革

長らく組織変革モデルとされているこの3Stepだが、筆者としては、スタートアップ企業にはあまりなじまないと考えている。それは①解凍Stepの「危機感の共有」と②変革Stepの「新しい考え方・やり方の学習」だ。

まず「危機感の共有」に関して、これまで述べてきたとおり、スタートアップ企業は、さまざまなリスクを内包している。そこに参画する社員もそれは承知の上だ。つまり、ただでさえ危機感は大手企業に比べて強い。そこにさらに危機感をあおることは、果たして効果的なのかということだ。

そして、PMF達成のため、戦略実行のために新たな方法が必要だということは、さほど難しくなく受け入れられる。つまり、危機感をあおるのではなく、ビジョンに向かう戦略の道筋を説くほうがはるかに受け入れやすいということだ。筆者は危機感をあおるスタイルを「北風スタイル」、ビジョンを示すスタイルを「太陽スタイル」と呼んで、スタートアップ企業では後者を推奨している。

2点目の「新しい考え方・やり方の学習」だが、“革新性のあること”に取り組んでいるスタートアップ企業の事業戦略において、そもそも学習すべき「新しい考え方・やり方」は、初めから備わっているわけではない。新たに模索することから始めねばならないのだ。その模索においては、やはり対話が必要になる。

図表6-10　スタートアップ企業の組織開発３Step

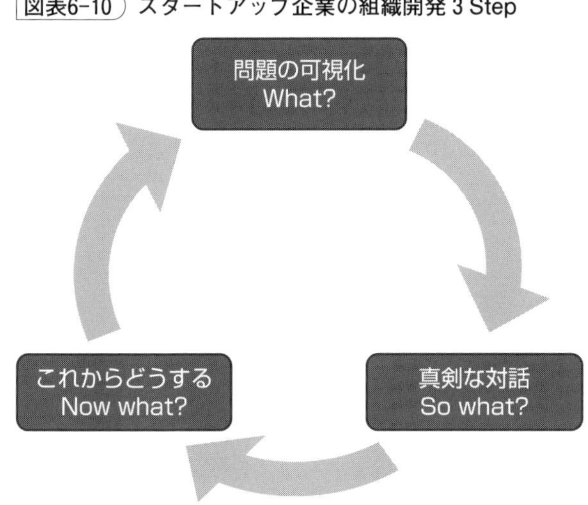

資料出所：中原淳・中村和彦（2018）『組織開発の探求　理論に学び、実践に活かす』，ダイヤモンド社，p.41を基に、筆者作成

具体的にどのように進めるのかは、中原・中村（2018）が示す「組織開発の３Step」**[図表6-10]** が参考になる。これはそのままスタートアップ企業の組織開発にも用いることができる。**[事例６]** はその具体的な展開例である。

事例６　Ｌ社における組織開発の取り組み

■大手上場企業２社のジョイントベンチャーとして創業したＬ社は、両親会社からの優秀な出向人材と多額の出資金でロケットスタートを切り、瞬く間に市場をつくりトップシェアを誇った。しかし、創業から５年目、組織にほころびが見え始めた。事業がスケール化した際に、情報や知見・価値観の分断が起きてしまったのである。原因は、ミドル人材層が発生しづらい構造にあり、組織構成が創業時からの幹部層と新規入社者だけになってしまったことであった。

■コロナ禍のさなかではあったものの、CEO は全社的に組織開発に取り組むことを決断した。インタビューで定性的な仮説を拾い、それを基に組織サーベイを行った。大きく五つの課題が抽出され、それらの課題に部門長がプロジェクトリーダーを務め取り組むこととなった。メンバーは部門長推挙と手上げ式の双方を取り入れた。人事が事務局として各プロジェクトのサポートに当たった。

■プロジェクトを立ち上げてすぐにコロナ禍になってしまい、しばしの中断があったものの、原因の洗い出しと解決策の立案に成功した。道中は必ずしも円滑に進んだわけではなく、プロジェクトによっては、「取り組む意義があるのか？」といった議論まで見られた。

■そうした真剣な対話を重ねた結果、自分たちの組織の課題に自分たちで取り組み、一定の結果を出せたことが、一つの実績となった。その実績がきっかけで、その後本部単位で自立的に組織をつくっていくという価値観の定着が見られた。

7 本章のまとめ

[1] 組織と個人をどう扱うか

人事を行うこととは、ポジション要件と個人要件を突合させ、適正配置を行うことである。特に、事業戦略の実行において要となるポジション（キーポジション）は、重責であるが未知のポジションであり、なおかつ、事業が魅力的であればあるほど次々と発生する。したがって、キーポジションへの人材配置は、何となく進めるのではなく、意図をもって戦略的に取り組む必要がある。

その際に、個人のキャリア志向をどう扱うか、どのような人物像を尊ぶか、どのような組織にしていきたいのか、いずれも組織の価値観に基づくものであるが、その価値観を明確にするものとしてHRMポリシーを策定することをお勧めする。

[2] 適所（ポジション）適材（個人）

ポジションと個人の適正配置は、その時の事業環境も鑑みれば、さまざまな要件が複雑に絡み合い簡単なことではない。ポジション・個人のどちらかの要件を満たさないこともある。

日本企業では、歴史的な背景もあり、企業で定着してきた個人を優先してきた「適者生存」モデルであった。しかし、そのモデルは、環境変化に弱く、機能しないことが分かった。環境変化が織り込まれているスタートアップ企業では、“適所”を基に考える「適所適材」のモデルが望ましい。

具体的に、適所適材での人事を行うためには、時間軸をにらんだシナリオプランニングを行い、前もって準備に当たる必要がある。事業戦略・計画の最良のシナリオ・最悪のシナリオを考え、X カ月後にはどのような組織形態が必要かを推察しておく。

個人についても同様に、X カ月後にどのようになっているか、推察しておくことが必要だ。個人の成長は、経験を通じて飛躍的に進むこともあれば、事業成長に追いつかない場合もある。組織規模によっては、ミドルマネージャーを通してしっかり把握しておくことが肝要だ。

[3] 新たな戦略を実行できる組織に変えていく

キーポジションに人材を配置して終わりではなく、ここからが始まりである。組織は自動的に「良い組織」になることはない。それまでの価値観やその価値観に基づいた行動習慣は根深く浸透しており、簡単には変わらないからだ。変革には意図を持った働き掛けが必要である。

従来、組織変革には解凍・変革・再凍結の 3 Step が有効とされてきた。しかし、これらはそのままではスタートアップ企業にはなじまない部分もある。具体的には、現状維持バイアスを打ち壊すための危機感の醸成（解凍）や、新たな方法のインプット（変革）の部分だ。

スタートアップ企業の経営にリスクが伴うことは、皆そもそも承知しており、それを踏まえても、目指すビジョンへの共感や自身のキャリア実現の想いが強いため参画している。危機感の醸成よりも、ビジョンへ向かう戦略の道筋や、その実現に向けた新たな考え方・方法を打ち出すべきだ。

そして、その新たな方法は、初めから分かっていることなどないのであり、真剣な対話を通して関係者一同で描き出すことで、組織としての一体感が醸成される。そこで初めて組織としてワークするようになるのだ。こうしたプロセスを通して、組織は、その組織能力を余すことなく活用できるようになる。

第7章

組織を維持・成長させる
―組織の堅牢性―

本章のポイント

①スタートアップ企業特有のサクセッションプランニング
②ミドルマネジメントが果たす役割
③配置後に組織が機能する取り組み

1 組織が堅牢であることとは

[1] Engagement（エンゲージメント）

筆者が「組織の堅牢（けんろう）性」と表現したひし形モデルの一辺は、ATDの原文では“Engagement”と表現されている（**[図表7-1]** 参照）。“Engagement”とは、エンゲージリングという言葉があるように、婚約・約束・結び付きといった、二つのものが向き合ったり、かみ合ったりする意味があるそうだ。

組織行動論の文脈でいえば、Engagementといえば、もともとは「Work Engagement」といって、仕事と個人の結び付きの状態を示す概念であった。定義も指標も学術的に明確になっている。

この「Work Engagement」と混同する言葉として、昨今は、「組織コミットメント」「ロイヤルティ」といった既存の概念を混ぜたような、「従業員エンゲージメント」という組織と個人の結び付きの状態を示す新しい言葉が広がり始めた。単に「エンゲージメント」といえば、この従業員エンゲージメントを指すようにもなってきている。

組織と個人の結び付きを強固にすることは、組織がその活動をする上で必要不可欠な人員が欠けるリスクが低くなることと同義であり、それは組織の活動が停滞する可能性が低くなることを示している。

第6章で示した組織開発が進むと、合意された組織目標に向かい、明確になった価値観をもって、メンバーが一丸となって進む状態となる。この状態は、エンゲージメントが高い状態であるといえる。この状態を

図表7-1　「組織の堅牢性」のイメージ

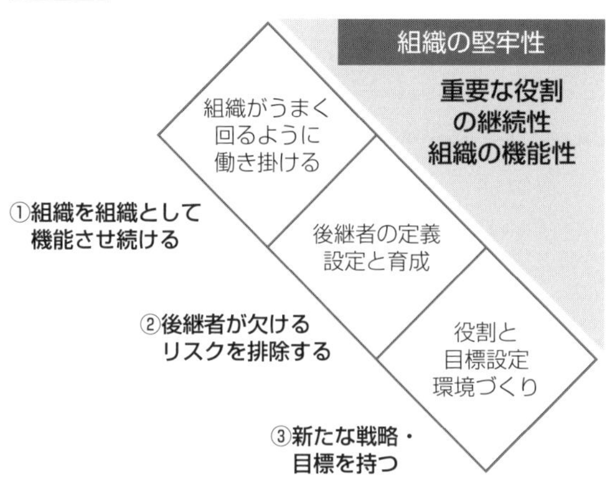

維持・向上させるためには、個々人の離脱リスクに備えた後継者育成計画と、新たなパフォーマンス目標が必要となる。

2　スタートアップ企業のサクセッションプランニング

[1]「成長性の維持」が必要なサクセッションプランニング

組織の堅牢性を考えた場合、一般企業では指揮命令系統の頂点である経営トップがサクセッションプランニングの対象となるのは、自然なことであろう。指揮命令系統の観点では、スタートアップ企業においても同様である。経営トップが不在となるリスクは大きい。

一見すると、大手企業は経営層が厚く役割も分散しているが、スタートアップ企業のトップはファウンダー（創業者）でもあり、大株主でもあることから、一層その不在となるリスクは高いのではないかと思われる。

しかし、スタートアップ企業のトップと一般企業のトップには大きな違いがある。それは年齢である。帝国データバンク調査[1]によれば、全国の社長の平均年齢は60.3歳、上場企業に限定すると58.5歳である。対して、日本政策金融公庫総合研究所の調査[2]によれば、新規開業企業における開業時の平均年齢は43.5歳とのことで、15歳もの開きがある。

後者は、資産運用会社等の開業も含まれているであろう。実際の事業会社としての開業時平均年齢はもう少し低いのではないだろうか。証左となる調査データはないが、筆者のクライアントのスタートアップ企業で見ると、経営トップの開業時の年齢はいずれも30代である。

年齢に大きな差があるということは、以降の活躍できる年数も、健康面からくるリスクにも大きな差があることは想像するに難しくない。実際、スタートアップ企業で、経営トップのサクセッションプランニングに積極的に取り組んでいるところはないのではないだろうか。

では、スタートアップ企業においては、どの層をサクセッションプランニングの対象とすべきなのだろうか。スタートアップ企業では、第1章で述べたとおり、とてつもない成長スピードが求められる。通常の「維持」ではなく、「成長性を含んだ維持」が求められるのだ。

スタートアップ企業の組織において、この成長をけん引する成長点はどこにあるのか。それは、実際に成果を上げる現場のチームであり、そのチームを率いる部長〜課長のミドルマネジメント層なのである。このミドルマネジメント層をサクセッションプランニングの対象とすべきなのだ。

[2] ミドルマネジメントが果たす役割

なぜ、ミドルマネジメント層が組織の成長点になり得るのか、この層

---

1 株式会社帝国データバンク「特別企画：全国『社長年齢』分析調査（2021年）」（2022年3月4日公表）

2 日本政策金融公庫総合研究所「2022年度新規開業実態調査」（2022年11月30日公表）

が果たしている機能と求められる要件を用いて詳述する。

［図表7-2］に、役割ごとの主たる機能と、その役割を果たす際に頭の中を占めているであろう思考の軸をまとめた。

創業間もないころであれば、図表に示したような多階層は存在しないが、事業が拡大し分業化が必要になってくると、多くの企業組織では、このような階層を用いたマネジメントが必要となる。第2章で述べた組織成長モデル（［図表2-2］参照）で説明すると、第2段階の「指揮による成長」に当たるフェーズだ。初期分業化が始まり、開発部門・営業部門と専門職に分かれるときには、それぞれのチームの責任者が必要となる。その専門性によって事業が成長を遂げると、さらに組織は成長し、さらなる分業化が進んでいくという仕組みだ。以下、解説を進める。

まず、経営者の重要な機能の一つは、経営基幹（Mission, Vision, Value）と経営戦略を定め、それを内外に発信し、経営資本を得ること

図表7-2　各階層の機能と思考軸

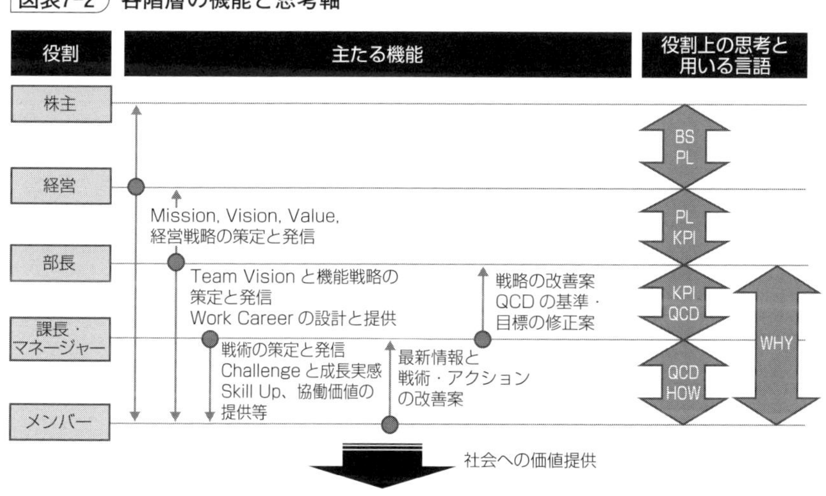

である。必然的に思考や意識の軸は貸借対照表（Balance Sheet：BS）や損益計算書（Profit and Loss：PL）の内容となる。事業の革新性や計画を投資家に説明し、株式の評価がどの程度上昇するかをイメージしてもらうことは、投資に対するリターンをイメージしてもらうことにほかならない。また、それを実行する上では、売上・コスト・利益は常に頭の中に置く必要がある。

他方、現場のメンバーは、一言でいうと「HOW：どうやってことを成し遂げるか」が、日々の思考・意識の軸となる。求められる役割として、この課題解決には何を使うのが有効なのか、使うべきツールは——と、定められた予算内で定められた品質と納期をクリアすることに全集中する。

結局のところ、こうして行動して実現していかねば何も生まれない。この現場メンバーのアクションの量と質によって、企業は社会にその便益を提供し、売上を上げている。

ここでミドルマネジメントの機能が重要になってくる。［図表7-2］の「課長・マネージャー」に着目していただきたい。彼らは、経営者や部長が意思決定したVisionや目標を具現化するための戦術や、直接のピープルマネジメントをつかさどる。

戦術のサイズを決定するためには、得た結果のサイズを間違えないことが必要となる。そのためには、部長を通して経営者の意思として、事業計画等のPLの数値を確認する。部長との直接のコミュニケーションでは、モニタリングすべきKPIや、そのためのQCD（Quality, Cost, Delivery）、使える資源の確認等が行われるだろう。

こうした数字を現場メンバーにそのまま伝えても、行動には転換されない。普段、頭の中にある言語ではないので、思考停止してしまうのだ。行動が生まれなければ戦略は実行されず、その戦略が合っていたか間違っていたかの検証すらできない。

ミドルマネジメントに必要なのは、経営層や部長層の使用するBS/PLといった会計言語と、現場が使うHOW言語をつなぐ「翻訳機能」である。しかし、これはなかなか実行されていない。その一方で、**[図表7-3]** のような「伝言」は至るところで見られているのではないだろうか。

[3] ミドルマネジメント層の厚さが戦略の幅を広げる

ミドルマネジメント層の欠落に危機感を訴える声は、一般企業でも耳にする。技術の継承が図られない、若手の育成が滞るというのが危機感の理由のようだが、その真因としてはこの翻訳機能の欠如がある。そうした観点から、ミドルマネジメント層の充実が必要なのは、スタートアップ企業に限った特徴とは言えないのではないかと考える方もいるだろう。

図表7-3　マネージャーの伝言思考と翻訳思考

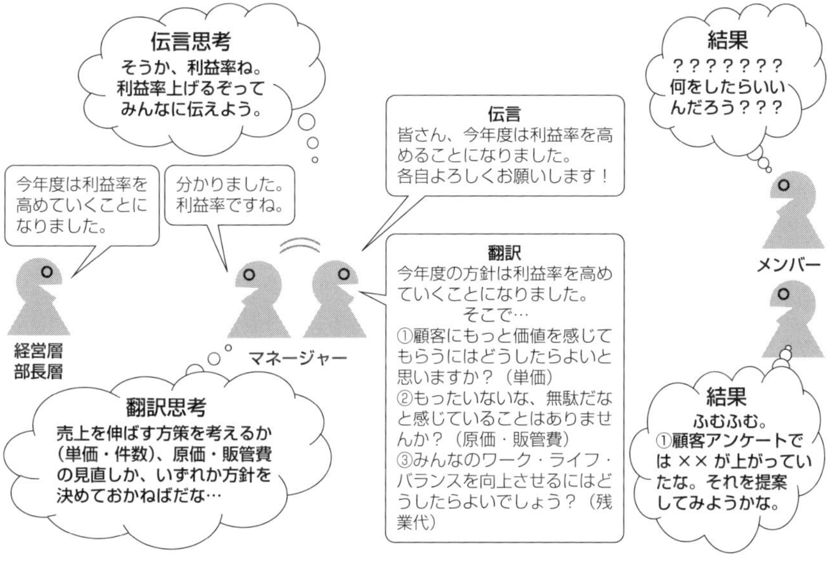

筆者が、ミドルマネジメント層をサクセッションプランニングの対象として挙げた理由は、スタートアップ企業が持つ「爆発的な成長性」による。

第2章で挙げた組織成長モデルでは、第2段階で「自主性の危機」に直面する。この危機を打破するには、権限委譲が必要であるが、任せられる人材がいなければ権限委譲を進めようもない。経営陣が現場業務の切り盛りから離れられず、いつまでたっても事業と組織をスケール化できない。事業の状態が良ければ良いほど、権限委譲の必要性は早くやってくる。すなわち、任せられる人材、ミドルマネジメント層が必要になってくる。

第4章の「組織能力を獲得する」で、必要な組織能力の変化の速さに対して、人の成長が追いつかないことを述べた。主たる解決方法として採用が必要になると説いたが、この対象はミドルマネジメント層以上であることがほとんどだ。

第6章の「組織能力を活用する」では、事業戦略上のキーポジションが新設される速さについて言及した。このキーポジションも、新たな部門を率いるミドルマネジメント層以上が対象だ。

このように、ミドルマネジメント層およびその予備軍の層の厚さが、スタートアップ企業の戦略の実行確度を高めるといっても過言ではないのだ。

新たな事業や重要な戦略を実行する場合、新しい部門の設置に伴って部長の配置が必要となる。その際にも、ミドルマネジメント層が充実していれば、円滑な配置、時には抜擢（ばってき）人事も可能となる。実際に、戦略を実行する組織を設計する段階になって、ミドルマネジメント層や部長層が薄いために組織をつくれず、苦しんでいる企業は実に多い［**図表7-4**］［**事例7**］。

図表7-4 サクセッションプランニングの有無による異動パターン

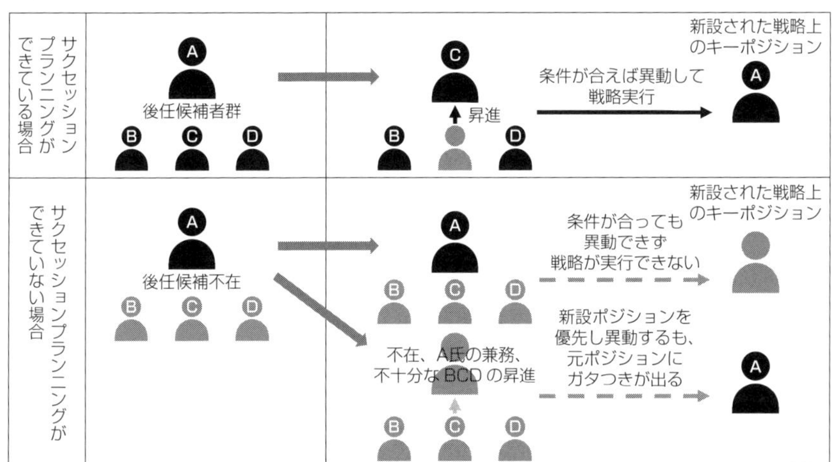

事例７　マネジメント人材不足が戦略展開の支障に

Vertical SaaS のプロダクトを開発・販売しているU社では、同業内での陣取り合戦と顧客規模・ユーザー数の維持が当面の事業戦略となる。ある程度シェアを取りきった時に、解約を減少させる戦略が打ち出された。その実現のため、カスタマーサクセス部門の新設が必要となったが、部門長を任せられる人材がいなかった。

結局、主任クラスの人材をマネージャーに据え、既存のマーケティング部門の傘下としたが、ダイナミックな戦略を打ち出せず、あまり成果を上げることができなかった。

経営に「たられば」はないのだが、この時に部門長を配置できていればどうなっていたことか。マネージャーに据えた人材も、退職してしまった。

[4] ミドルマネジメントのサクセッションプランニング

ミドルマネジメント層の人員が手薄な場合に、戦略がタイムリーに実行できないリスクが生じることは分かった。では、具体的にどのようにサクセッションプランニングを進めていけばよいのか。

第3章で紹介したタレントプール方式も一つの方法ではあるが、スタートアップ企業ではなかなかうまく運用できない。ただ一人の CEO 後継者を決めるのと異なり、必要になるミドルのポジションはいくつも存在するため、それぞれについて運営方針を決める・タレントプールを用意するといった種々の施策コストをかけられないためだ。

また、ミドル層のポジションが必要となるまでの時間も早く、迅速に進めていく必要がある上、施策を運用するための人事のリソースも十分ではない（組織のフェーズにもよるが、リソースがあったとしても採用と組織社会化に向けるべき）。

そのため、人物像や充足する要件を定めて、おおよその候補人材の絞り込みは行うものの、「まずはやらせてみる」というアプローチをとっていく。なぜなら、既にキャリアが定まっている経営層候補と異なり、ミドルマネジメントの候補者には、マネジメント職で生きていくか、スペシャリストとして生きていくかといったキャリア上の意思決定がこれから生じるからだ。

実際には、まだまだマネジメントとスペシャリストの双方を行き来することは可能であるし、完全にどちらかに偏ることもない。しかし、当の本人にとっては大きなキャリアの節目のように感じられるのだ。

職種でいえば、プレイヤー職からマネジメント職への変換なので、これまでの延長ではない。社内転“職”といってよい。例えていえば、ゲームで経験値を増やしコツコツとレベルを上げてきたものが、職種転換することによってゼロリセットされるようなものだ。そのことから来る不安も大きい。ミドルマネジメントのサクセッションプランニングは、能力面の育成や経験を積ませることも必要だが、このキャリア上の不安を取り払うことも重要である。

(1) 適切なステップ

こうした不安やプレッシャーは、自己の能力とチャレンジのバランスが取れていないことから発生する［図表7-5］。能力に対して、チャレンジのハードルが高すぎるのだ。

不安やプレッシャー軽減のためには、見合った能力を付けるというのが真っ当な方法であるが、それには相当な時間がかかる。効果的なのは、チャレンジに段階を設けることだ。登りやすい踏み段を用意し、少しずつ能力を付けていく必要がある。

例えば、10あるマネージャーの仕事のうち、三つ程度を担当する役割から始める設計などは有効だ。実務的には、マネージャーの手前に、担当する役割を「チームの業務品質・メンバーのテクニカルスキルの向上」に限定したチームリーダー等を設置することが考えられる。これは［図

図表7-5　フロー理論（能力と挑戦のバランス）

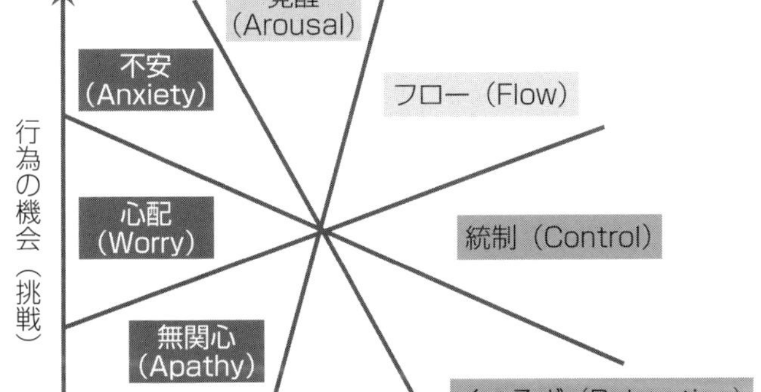

資料出所：Csikszentmihalyi, M. (1997) *Finding Flow: The Psychology of Engagement With Everyday Life.* から筆者作成

表7-5］でいうところの「行為の機会」のレベルを段階的に上げていくということになる。そして、これが一種のマネージャートレーニングにもなる。こうしたステップの制度設計はぜひ試してみていただきたい。

そのポジションへの不安やプレッシャーは、本人の認知の問題の場合もある。本当は本人が思うよりも能力が満ちているのであれば、その内容を客観的にフィードバックしていく必要がある。

（2）適切な報酬

本人にとっては心理的なハードルを乗り越え、新たなチャレンジを成し遂げるのだから、他者と比べた場合にそれなりの報酬も期待する。そのチャレンジが、明確な成果を創出している場合はなおさらだ。スタートアップ企業では、このチャレンジにおいて、報酬面をおざなりにしてしまう風潮がまだ散見される。チャレンジさせる前提として、まずそれに見合った給与の変更を行わねばならない。法で定める管理監督者に登用する場合は、なおのこと注意が必要である。

ここで注意すべきは、そのチャレンジで成し遂げたことは、上位職（評価者）からしてみれば「できて当たり前」に映ってしまうということである。自分自身も通ってきた道であり、ポジションに対して正確な見積もりをして配置しているのだから、当たり前だろうと考えてしまうのだ。その場合、適切な報酬はセットされない。

ここでいう報酬とは、何も金銭報酬に限ったことではない。全社の中での表彰もあるだろうし、新しいマネージャーにスポットライトを当てるような内部広報も有効だろう。社外向けの記事で取り上げるなども、本人の承認欲求を満たすものになる。自分のチャレンジが組織に良い効果をもたらしたことが公に称賛されることは、貢献欲求を満たすことにもなる。

(3) 適切な準備

(1) を円滑に進めるためには、相応の準備が必要である。いわゆる「心の準備」だ。「内示」と呼ばれる儀式がある企業も少なくないだろう。しかし、ここで取り上げる準備はこうした一過性のアクションではない。

それは、日常的にキャリアの話に触れていくことである。主には直属の上長が担い、本人が今の仕事を進める上で、次の仕事をどのように考えているか、また上長からはどのように見えているかを常日頃から話し合う。

そうすることで、自分へ向けられている期待も時間をかけて咀嚼(そしゃく)できるし、自分の適性や志向性を内省することもできる。こうした常日頃からの準備があるからこそ、新たなチャレンジをスムーズに受け入れられ、よいスタートを切ることができるのだ。役職に就いてすぐにパフォーマンスが出せると考えるのは、大きな勘違いであり幻想といってよい。

また、抜擢人事について触れた第６章でも述べたように、役職就任後マッチしなかった際に、職を降りて元に戻れるような仕組みも準備事項に挙げたい。キャリア上の迷いがある状態での就任であるから、やってみたもののアンマッチであった場合、退職されるよりは元の業務で活躍してもらったほうがよい。経営者層のサクセッションプランニングが選抜重視型であるのに対して、スタートアップ企業におけるミドルマネジメント層のサクセッションプランニングは、実行重視型であるといえる。

事例８　適切な準備の事例：[事例６] L社のその後

組織開発に成功したL社は、その後、人事制度の改定に着手。プロジェクトのオーナーにはCEO自らが着任した。まずは、プロジェクトメンバーと経営幹部でHRMポリシーを制定し、それを骨子として、等級・評価・賃金各種制度を改定。ミドル層の欠落が課題であったことから、制度改定に当たっては、マネジメント職を育成できることを主眼とした。

立ち上げから多くのスペシャリストが活躍したことで一気に業界シェアを取れたこともあり、社内にはマネジメント職の候補も少なかった。等級制度では、部門長職層の手前にもう一つ管理職層を設け、「適切なステップ」を踏めるようにした。なおかつスペシャリストとの行き来もできるようにしたことで、「適切な準備」も行える工夫をした。

もともと、上司とメンバーで1 on 1を頻繁に行う文化があったことから、その場を活用し、マネジメント職層へのステップもキャリアとして検討できるようにした。

3 スタートアップ企業での新陳代謝―代謝マネジメント

[1] 組織のフェーズに合致する能力

サクセッションプランニングを進めると、対象者を中心として、個々人のスキルやキャリア志向、そして成長のスピードなどが必然的に可視化される。事業と組織の成長スピードが個人の成長スピードを上回るということはこれまでも言及してきたが、この速さに誰が適応していて、誰が適応しきれていないということが、いやが応でも見えてしまう。それは、今後の事業展開に伴う適応についての予測もしかりで、今後の組織フェーズに必要な能力が何で、それに適応できそうなのは誰だというところまで推測されることとなる。

例えば、人事・労務職でいえば、創業当初からしばらくは、給与支払いなどの必要不可欠な実務をどれだけ多岐にわたり実行できるかといった能力が求められる。しかし、IPOを見据えた体制を構築するころになると、コーポレートガバナンスの知見や、チームで仕事をする協働性、組織ルールを重視する姿勢など、大きく変わってくる。

このように、サクセッションプランニングを通して、組織フェーズの移り変わりとともに必要となるKSA（Knowledge：知識、Skill：スキル、Attitude：態度・姿勢）の変更が浮き彫りになる。

[2] 入れ替わりをマネジメントする

さて、組織フェーズに適した能力に見合わなかった者たちはどうなるのか。多くの社員は、その差異を悟り、自ら組織を去る。企業によっては「卒業」という言葉が用いられるのは、スタートアップ企業が、鍛錬・学びの場として捉えられている証左であろう。

自ら組織を去る者もいれば、そうでない者もいる。半分は、がむしゃらに結果を出そうと「もがく者」、残りの半分は、言い方は良くないが「しがみつく者」である。前者も後者も、そのままでは誰も幸せにはならない。何らかの意図をもった取り組みが必要となる。

その企業の文化・HRMポリシーによるところもあるが、前者であればキャリアチェンジや能力開発、後者であれば抜本的な意識改革・能力開発、そして転職推奨である。

キャリアチェンジを促す場合の多くは、今は伸び悩んでいるが、組織文化の体現者であり、組織には残って別の形で活躍してほしいと考えられるケースだ。しかし、そんな時にあっさりと退職届が出てきたりする。その逆に、このまま組織に残っても良いキャリアを築けない可能性が高く、転職を推奨しようとあれやこれやと世話を焼くも、全く変化を見せない場合もある。これは、その組織の代謝が意図をもってマネジメントされていないからだ。

もし、組織において全く代謝がなかったらどうなるか。まず、新たな組織能力の獲得ができない。そうすると、事業成長の手段は、既存社員の学習・成長という時間がかかるもののみになる。

次いで課題になるのは、人件費の上昇である。社員も年齢を重ねていくため、生活給としての賃金上昇を余儀なくされるのだ。

組織内の意思決定・コミュニケーションの観点からの課題は、人員構成が歪(いびつ)になることだ。代謝がない状態で、時間の経過とともに経験を積んだ社員が多くなると、人事制度にもよるが、処遇するポストがなくなる。そうすると、「部長待遇」や「専任部長」といった謎の役職が出来上がり、逆ピラミッド型の歪な人員構成になる（管理職はたくさんいるが、メンバーがいない）。

代謝がない、あるいは極端に低い状態は、かつての日本企業が不景気に陥った際に見られた現象である。新卒一括採用＋終身雇用がベースにあるので、不景気等で採用が止まると出入りがなくなるのだ。バブル景気が終了した後に顕著であった。

常に、新たな組織能力を求める必要があるスタートアップ企業では、このような現象で事業成長を止めてはならない。

[3] 代謝を上げる

代謝といえば、離職率の高さが課題に上がることが多いが、前述の「組織フェーズに適した能力」にマッチしなかった方々の文脈でいえば、むしろ円滑に次の活躍場所に移りやすいような文化・制度があるほうが望ましい。

定年や役職定年の制度も代謝を図る仕組み一つであるが、スタートアップ企業の社員は概して平均年齢が高くはなく、有効ではない。

かつてリクルートで行われていたことで有名な「ニューフロンティア制度」[3]は、「卒業していく」という文化をつくる上では有効だ。しかし、退職金という制度自体になじみがないスタートアップ企業では採用しづらい。

スタートアップ企業では、「キャリアファースト」の文化醸成が有効だ。個人のキャリアを第一に考え、応援しようという文化の醸成である。

3　一定の年齢に達すると退職金が積み増しされる制度で、35歳から3年ごとに退職金が加算される。若者向けの雑誌を作っていたリクルートが組織をフレッシュに保つために採っていた施策。2021年に廃止。

将来どうなっていきたいか、何を目指すのか、そのために次に何にチャレンジするのかといったことを常日頃から話し合っておくのである。この積み重ねにより、キャリアを考えた結果、社外への転職がよいという勧奨がしやすくなるし、意思決定もしやすくなる。

なお、こうした対話を重ねることは、個人が自らパフォーマンスを高めることに最も寄与する。何のために何を目指し、そのために今の業務にどう取り組むのか、動機が明確になるからである。単なる代謝アップの施策ではない。

その他、退職者を対象とするアルムナイ制度[4]の導入も、有効な施策と考えられる。自分のキャリア上は転職したほうがよいが、苦楽をともにした仲間と離れるのは後ろ髪を引かれるという思いや、居心地の良さから離れるのを躊躇してしまう人に、退職しても人間関係のつながりが持てるという実感を持ってもらうには有効であろう。

なお、報酬の項で触れるが、Pay for Performance（成果に対して報酬を払う。いわゆる成果給）が給与を構成する要素の一部にあることは、健全に代謝を上げる基本である。

[4] 代謝を下げる

別の形でも残ってほしいのに、退職してしまう場合は、組織の代謝率を下げる方向にチューニングする必要がある。なお、離職率が高くて困っているという声はよく耳にする組織課題であり、多くの研究結果がある。多くの企業は、離職率を下げようとする際に、金銭報酬を上げることを第一に考え実行しようとするが、それで離職現象がなくなったという話は聞いたことがない。不満の一部が解消されるだけで本質的な変化には至らない。

4　アルムナイは「卒業生」「同窓生」といった意味で退職者を指す。退職者と退職後も定期的にコンタクトをとれるよう組織化し再雇用する制度。

(1) 組織との結び付きを高める(組織コミットメント)

組織コミットメントとは、社員と組織の関係性の状態を社員の心理状態で表した概念である。「情緒的コミットメント」「継続的コミットメント」「規範的コミットメント」の三つの要素で構成され、それぞれ、「組織への愛着心」「組織を去ることのコスト(代償)」「組織に居続けねばならないと思う義務感」を意味する。

組織コミットメントを高めるためには、第4章で紹介した組織社会化をはじめ、組織が個人を内包していくための一連の取り組みや、同僚や特に上司との人間関係を良好にすること、そして、職務上の役割を明確にすることがポイントとして挙げられる。**[図表7-6]** は、組織コミットメントに関する過去の研究をまとめたものとして紹介されており分かりやすい。

図表7-6 組織コミットメントの先行要因と結果要因

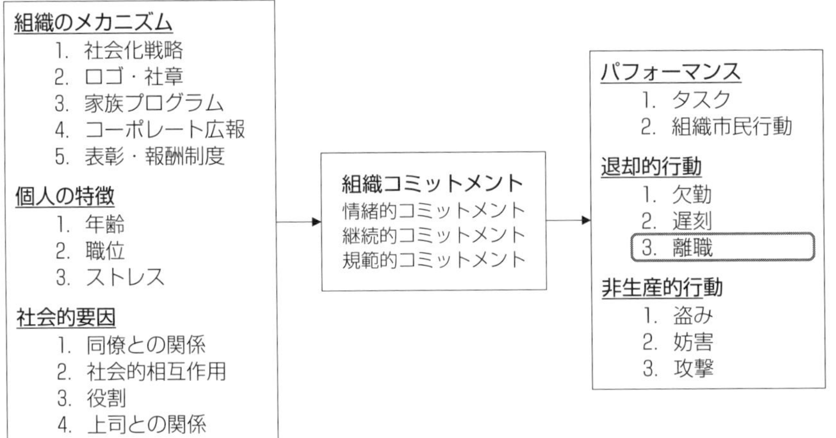

資料出所：若林満監修，松原敏浩・渡辺直登・城戸康彰編(2008)『経営組織心理学』，ナカニシヤ出版，p.75に筆者加筆

(2) 仕事との結び付きを高める（ワークエンゲージメントを高める）

ワークエンゲージメントとは、人と仕事の結び付きの状態を示す概念であり、仕事を通じて感じる活力・熱意・没頭という三つの下位次元で構成される。

このワークエンゲージメントは、個人へ裁量を与えることや、仕事のフィードバック、上司からの仕事への支援や正当な評価といった仕事をする上での環境要因と、楽観性・打たれ強さ・自分自身への自信といった個々人が持つ資質で高められる。

ワークエンゲージメントが高まると、前述した組織コミットメントの向上や、離職の低下が認められることが分かっている［図表7-7］。

(1)(2) を高めることは、社員が成長実感を持つことにつながり、それが非金銭の報酬になる。社員をつなぎ止める施策が金銭報酬一択だと、スタートアップ企業ではその時のキャッシュポジションに影響されることもあり、再現性を担保できない。すなわちマネジメントできない。

また、仮に金銭で引き止められたとしても、さらに高い報酬を出す企

図表7-7　ワークエンゲージメントが与える効果のモデル

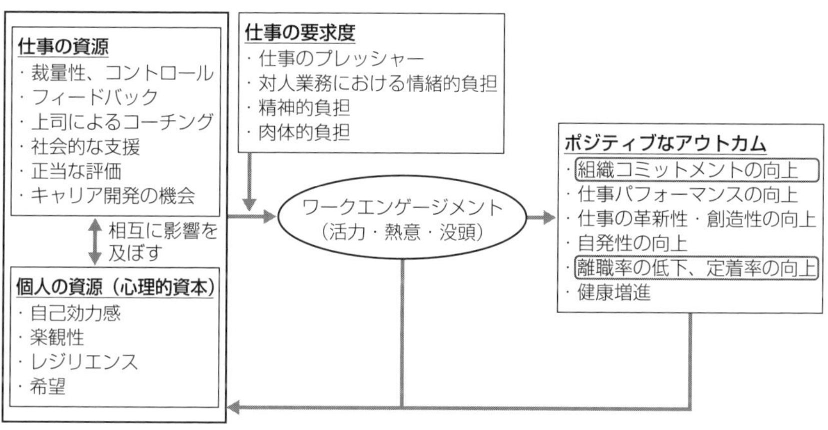

資料出所：厚生労働省「令和元年版 労働経済の分析」（2019年），p.192に筆者加筆

業が現れればそちらに移籍してしまうことは容易に想像できる。

4 本章のまとめ

目指す目標・価値観をともにすることで組織化された組織は、一過性のものであってはならず、維持していかねばならない。スタートアップ企業で「維持」ということは、“成長していくこと”を維持していくこととなる。

そのためには、事業の成長とともに次々発生するキーポジションに、円滑に適所適材で配置を進められるよう、後継者の育成（サクセッションプランニング）を進めることが欠かせない。一般的にサクセッションプランニングといえば、経営トップの後継者育成を指すが、スタートアップ企業ではミドルマネジメントがその対象となる。

ミドルマネジメントは、次の部門長候補として、戦略を担う人材予備軍となるだけではなく、経営層と現場をつなぐ翻訳機能を担い、戦略をスムーズに実行する要でもある。

そのミドルマネジメントのサクセッションプランニングは、候補者をプールして育成・選抜する経営層のサクセッションプランニングのようなやり方ではうまくいかず、実践主導型となる。なお、個人にとっては、専門職で生きていくのか、マネジメント職で生きていくのかといったキャリアの分かれ道にも差しかかるタイミングでもあるため、慎重に準備を重ねる必要がある。

一気にマネジメント職を任せるのではなく、マネジメントの役割を一部切り分け、少しずつ任せられるような適切なステップを用意したり、本人のチャレンジに報いることができるような適切な報酬を用意して運用すべきである。また、いきなりマネジメント職を打診するのではなく、常日頃からキャリアの話をしておくような適切な準備が必要となる。

サクセッションプランニングを進めることは、結果的に社員個々人に目を配ることにつながるが、その過程において、組織の成長についてこられるのかどうかも浮き彫りになる。個々人の能力を見る際に、漠然と捉えるのではなく、KSAに分解してみることを進めたい。それによって、組織の成長フェーズに適しているKSAがどのようなものであるかもより一層明確になる。

スタートアップ企業の場合、組織の成長スピードにキャッチアップできないことを自覚した人は自ら組織を去ることが多いが、去ってほしくない社員も当然に存在する。組織としてはこの離脱を偶然に任せてはならず、人材の代謝（入れ替わり）のマネジメントが必要となる。

代謝を上げるためには、転職へのハードルを下げることが肝要であり、その上でも常日頃からキャリアについての対話を重ねておくことがベースになる。転職によって人間関係までが断ち切られるわけではないということを示す上では、アルムナイ制度を設けることなども一定程度有効である。また、代謝を上げるために外してはならないのは、成果に報いる給与（成果給）を給与構成・賃金構成の一部に入れておくことだ。

逆に代謝を下げるためには、金銭報酬（給与や賞与）を上げることを第一に考えがちだが、その効果は不満の一部を解消するだけにとどまり、さらに多くの金銭報酬を出す企業があればそちらに移ってしまう。

必要なことは、組織と個人の心理的な結び付き、仕事と個人の結び付きを高めることである。それが社員の成長実感につながり、金銭以外の報酬として自覚されるようになる（無論、金銭報酬が必要ないということではない）。

第8章

事業と組織を成長させる人事制度

本章のポイント

①人事制度の存在意義や目的は何か
②スタートアップにマッチする人事制度とは
③人事制度を導入するタイミングや導入できる条件

1 人事制度はマネージャーを支えるツール

[1] マネージャー個人の力の限界

これまで、いかにして事業戦略を実行できる組織状態にするかについて、タレントマネジメントのひし形モデルを介して第4～7章にわたり解説を進めてきた。これらの実行は、人事だけで行えないのはもちろんのことだが、マネージャー層にすべて丸投げすることもできない。

人によりマネージャー経験のバラつきもあるし、得意不得意もある。何より、戦略を実行する組織とそれを構成する人事に関するすべてをマネージャー自身の言葉と態度・行動でメンバーに理解・納得してもらうようにしていくことは無理がある。武器というと聞こえは悪いが、徒手空拳で戦いに出るようなものである。

[2] 人事制度はマネージャーを支えるツール

一般的に、マネージャー層には何らかの権限が与えられる。予算・費用・勤怠の承認や、人事権等である。マネージャーはそれらを駆使し、物事を進める。こうした権限の決まりがなければ、都度考えを巡らせ、判断という名の決断を迫られることだろう。これはなかなかに骨が折れる。

人事制度も同様に、マネージャー層がメンバーのマネジメントを進めやすくするツールなのだ。多くの方は、何らか縛られるもの、給与を決めるものといった印象を持たれるかもしれないが、そうではない。マネージャーの行動を支援し、時にはマネージャーを育成するツールにもなり得るのだ。

2 人事制度の全体像と目的

[1] 人事制度は制度の集合体

一口に人事制度と言っても、人によってさまざまな認識があると思う。ある人は、その名のとおり配置や処遇といった人事の決定について定めた制度だと言うし、昇進・昇格の要件を定めた制度だと考える人もいるだろう。また、給与を決めるためのシステムだと言う人もいる。

人事制度を狭義に捉えると、等級制度・評価制度・賃金制度の三つとなる。それぞれ以下のような意味がある。

- **等級制度**：役割や能力を基準とする等級段階を設け、かつ、その等級段階の昇降格の要件を定めたもの
- **評価制度**：等級や役職・職務ごとに、何をどのように評価するのかを定めたもの
- **賃金制度**：何の基準に対して、どういった給与・賞与等を支払うかを定めたもの。年功・能力・役割・職務・成果等の基準がある

広義に捉えれば、教育訓練制度や福利厚生制度といった、成果を出すための周辺制度も含めて人事制度という場合もある。いずれをとっても、人事制度とは、何か単一の制度を指すものではなく、各制度の集合体なのだ［**図表8-1**］。

[2] 人事制度の目的

人事制度が何を指すものかは明らかになったが、そもそも何のために存在するのか。その本質が何かを明らかにする。

図表8-1 人事制度の全体像

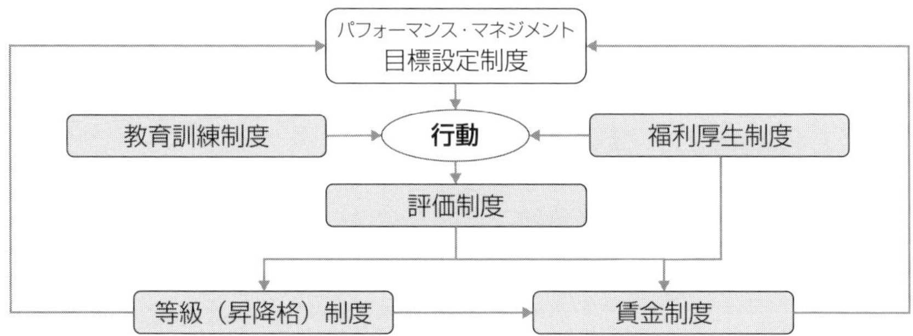

(1) あるべき行動の循環を促す―「明日また頑張ろう」と思える

単に給与を決定するシステム等ではないことは既に述べた。では、人事制度がもたらすアウトカムは何かといえば、それは「明日また頑張ろう」と思えるようにすることだ。つまり、金銭報酬のような外的動機づけだけではなく、「頑張ろう」と自らで思える内的動機づけも包括したものであることだ。

もちろん、頑張ろうと思えるためには、何らかのインプットが必要だ。それは「自分はやれる」という自己効力感や、「この仕事で成果を出したい」という没入感（ワークエンゲージメント）、「このチームでならやれる」というチーム効力感などだ。そしてそれらは一定の成果からもたらされ、その組織で頑張って働き続ける動機となる。

整理すると、**[図表8-2]** に見るように、成果に対する個人の達成感が自己効力感を高める[1]。そして、高い自己効力感は、ワークエンゲージメントを高めることにつながる[2]。高まったワークエンゲージメントが内的動機づけとなり、次の行動を能動的に起こしやすくする。結果としてさらなるパフォーマンス向上も期待できる循環を生む。**[図表8-3]** は

1 Bandura, A. (1997) *Self-efficacy: The exercise of control*, W. H. Freeman.
2 「仕事の要求度 - 資源モデル（JD - R モデル）とワーク・エンゲイジメントについて」（厚生労働省「令和元年版 労働経済の分析」p.192）

図表8-2　あるべき行動の循環

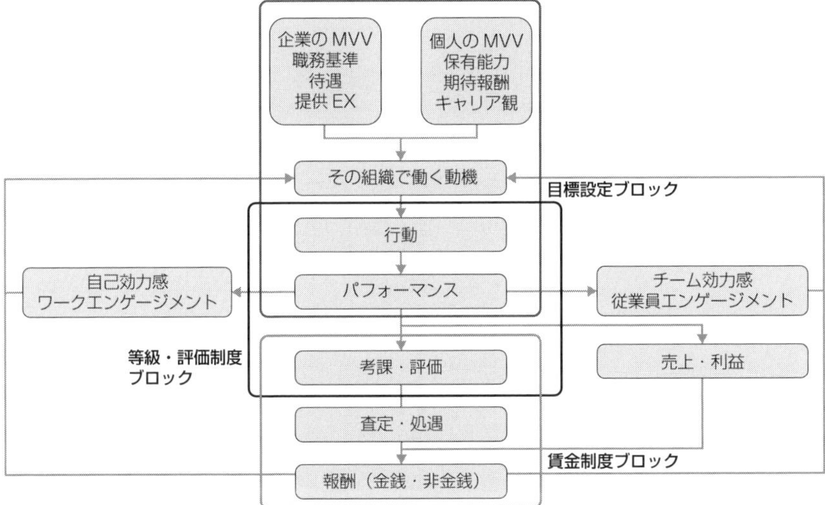

［注］「MVV」は「Mission Vision Value」の略

図表8-3　あるべき行動・成長の循環システム（マーケティングコンサルティング会社Ｐ社の例）

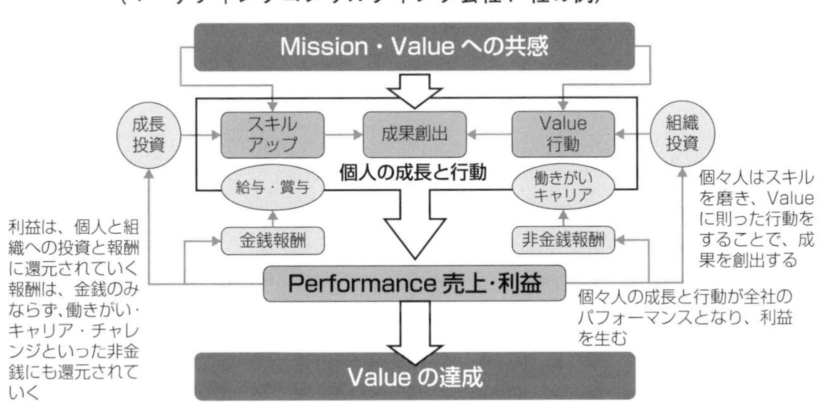

その一例である。

このように、売上・利益を源泉として、個人の成長やそれを支える組織のコンディションを良好にするための投資が行われ、その投資の結果、さらなるスキルを伴った行動と、強化されたバリュー行動が生まれる。その行動が成果を創出し、売上・利益を創出する。この循環を形成することが、真の人事制度の本質である。こうして、「明日また頑張ろう」と思える内的動機をも形成することが人事制度の要点となるのだ。

(2) 成果の安定性・行動の再現性に寄与する

組織が創出する成果は、一過性のものではなく安定して社会に供給される必要がある。その成果は、ビジネスモデルと戦略を通じて、組織を形成する個々人から生み出されるわけだが、その個人にはコンディションという不安定なものがある。誰にでも体調の良しあしもあれば、メンタルの良しあしもある。

この個々人のコンディションに、組織の成果が左右されるのでは、安定した企業活動を維持できない。組織はそのコンディションをある程度マネジメントする必要がある。

といっても、日々全社員のコンディションチェックを行うわけではない。個々人のコンディションを逐次管理するようなことは、倫理的にもプライバシーへの配慮の観点からもするべきではない。

実務的に有効なことは、個々人が自分のコンディションをマネージャーやチームメンバーに話しやすくすることだ。個々人が自分のコンディションを打ち明けられるようになれば、マネージャーは代替策をとることができる。その代替策で個々人は安心感を高め、しっかりコンディションを整え、再度業務に邁進することができる。

どうやって話しやすくするかというところがポイントになるわけだが、この点はメンバーそれぞれとの関わり合いに依拠する。時に励まし、時にはカウンセリングのようにしっかりと話を聴くような関わり方で、本人のコンディションを整えることが必要だ。こうした活動は「ピープルマネジメント」と呼ばれる。前章までもキャリア関連を中心に、社員個々人との対話の必要性について言及してきたが、成果の安定性といった観点からも重要な取り組みなのだ。

そうした意味から、人事制度では、ピープルマネジメントを誰が担うのかを明らかにする必要がある。「ピープルマネジメントを担える誰か」の好意で偶発的に行われるようでは、安定からは程遠い。多くはマネージャーがその役割を担うわけだが、マネージャーによってピープルマネジメントのスキルに大きなバラつきがあってもメンバーの行動には再現性が生じない。

なお、物理的な環境や適切な役割設定、キャリアパスなども、成果創出に影響する。ピープルマネジメントも含めた業務環境は、パフォーマンスを構成する要素の80％を占めるといわれている **[図表8-4]**。

(3) ビジネスゴールに向かう

人事制度といえば、社員の行動や成長、その創出した成果に応じた処

図表8-4 パフォーマンスを構成する要素

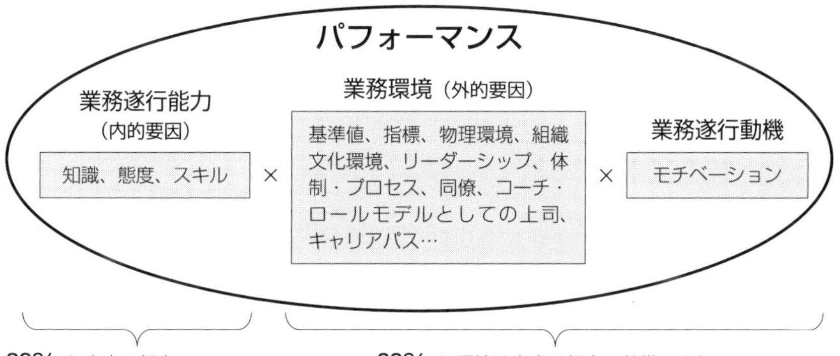

資料出所：株式会社インストラクショナルデザイン（2009）「インストラクショナルデザイン構築と効果測定」，「ASTD Global Network Japan HPI 研究会2013」を基に筆者作成

遇というように、社員のアクションに目を向けがちである。しかし、そもそも制度が、ビジネスゴールに根差して設計されていなければ、社員の行動は方向性を失い、頑張って間違ったところにたどり着く結果にもなりかねない。そうなってしまっては、戦略が正しかったのかどうかの検証もできない。組織の意思決定への信頼は大きく揺らぎ、成果も出ないので、(1) で示した“あるべき行動の循環”も破綻してしまい、制度の崩壊につながる。

本書で解説を進めてきた人事戦略のひし形モデルは、ビジネスゴールに向かう事業戦略が起点になるものである。その戦略をスムーズに回す人事制度も、同様にビジネスモデルや戦略の要点を反映している必要がある。

例えば、全国に展開する飲料・酒造産業では、いかに多くの人に商品を認知してもらうかが“勝利の方程式”を構成する要素の一つとなる。装置産業であるため、事業規模が大きくならないと設備投資費を回収できないからだ。そうすると営業部門は、自社製品を取り扱ってくれるよう、飲食業の店舗に足しげく通う行動が求められるようになる。その行動を観察し、良い評価をつけるようなシステムになっていなければ、行動の再現性は望めない。

以上、人事制度が持つ本質について整理をした。

- 人事制度とは諸制度の集合体である
- 「明日また頑張ろう」と思えるシステムである
- 成果の安定性・行動の再現性に寄与するものである
- ビジネスゴールに向かうものである

次項以降で、人事制度を狭義の等級・評価・賃金制度で見た場合、どのような種類のものがあり、スタートアップ企業にはどのような制度が適しているのか解説を進める。

３ さまざまな人事制度

[1] 事業の型にマッチする制度

筆者は年間にして５～７社程度の頻度で人事制度設計の相談をいただくのだが、その際に打ち合わせを持つと、担当者や経営者は前職の人事制度を前提としたイメージを持っていることが多い。本来は、自社の事業を成長させるためには、どのような制度が適合するのかを考えるところからスタートすべきだが、何らかの制度を導入することに頭がいっぱいで、どのような型が自社の事業に有効なのかまでは検討のスコープに入らないのだ。それは全くもって不思議ではない。

年功や能力を反映したものなど、さまざまな人事制度の型があるが、これまでにそれぞれが重用されてきた背景には、当時の社会情勢も影響している。例えば、制度の型とはやや趣が異なるが、2020年代初頭の今でいえば、リモートワークは当然となり、マネジメントもそれが前提となっている企業も珍しくない。このように、社会情勢は、働き方に影響を及ぼし、人事制度もそれを無視できない。こうした因果関係は、今後も少なからずあることだろう。今の人事制度も、今後は自社の事業運営に最適ではなくなるかもしれない。

こうした点を踏まえ、ここでは、年功主義・職能主義・職務主義・役割主義といった制度の型について解説する。また、制度の型とは違うものの、言葉としては広まっている成果主義についても解説する。さまざまな制度をその背景とともに理解することで、現在および今後の自社の事業に合致する制度の検討に役立てていただきたい。

[2] 年功主義

その名のとおり、年齢や勤続年数に応じて等級と基本給が決定される仕組みだ。運用の簡便さもあり、古くから用いられたが、近年では批判の的となることも多い。同じ勤続年数であっても能力や生み出す成果は異なることは自明だが、それでも基本給などの処遇が同一であることから生じる不公平感が批判の主たる理由だ。また、成果を上げても上げなくても給与が同じでは、働く動機づけが弱く、企業側でも敬遠されてきている。

このように、近年では年功主義は、時代遅れのように取り扱われることが多いが、産業によっては合理的に働く場合がある。例えば、不動産仲介業では経験年数に比例して成果が上がることが報告されている[3]。この場合、評価の都度、多岐にわたる要素で構成される専門能力の伸長度合いを把握することは困難であり、経験年数に応じて能力が上がるとした「みなし職能制度」ともいえる。ただし、不動産仲介の場合は、年功だけで給与が構成されることはなく、むしろ給与構成の半分近くは成果給で占められることが多い。類似の業種でも成果主義を前提として給与の構成を決めている例が見られる。

[3] 職能主義

人が持つ能力に基づいて等級や給与が決定される仕組みだ。つまり、先に人があって、その人に適切な職務を用意するということになる。能力を育むため、中長期的な雇用を前提としており（人材の流動性は高くない）、能力の変化に応じて、職務の配分や職務内容の変更を柔軟に行える組織に向いている（能力が伸長しない場合、職種が変わる配置転換も起こり得る）。

こうした職能主義に基づく人事制度は、日本では1970年代から「職能資格等級制度」として導入が進み、長年主流の制度であった。しかし、職務遂行能力の定義や評価が難しく年功序列になりやすいことから、給与の下方硬直性が高く、バブル景気終焉（しゅうえん）時に批判を浴びることになった。

3　松尾睦・細井謙一・吉野有助・楠見孝（1999）「営業の手続的知識と業績――経験年数の媒介効果と知識獲得プロセス」，流通研究第2巻第1号，pp.43-57

近年は、IT産業に象徴されるように日進月歩で新たな技術が登場するようになり、専門能力を備えた人材の獲得競争が激化し、雇用の流動性は過去にないほど高まっている。そうした働き方の変化と、長期雇用慣行のはざまで、企業のコスト負担は増大し続けている。2019年にトヨタ自動車の豊田章男社長（当時）が「終身雇用を守っていくのは難しい局面に入ってきた」とコメントしたことも有名だ。こうした変化の下で、職能主義を貫くことは難しい環境になってきたといえる。

それでも、能力を上げれば給与が向上するという仕組みは、働く動機づけとしては強力であり、今も多く用いられている制度である。評価においては、主軸となる能力評価のほか、年功主義と同様に、行動や成果の評価が組み合わされることも少なくない。

職能資格制度では、「昇格先行・昇進追随」という言葉があり、能力が上がれば等級が上がり（昇格）、その等級が昇進条件となっている職位に就けるというシステムが一般的である。能力が上がれば昇格するということは、事業が成長していなくても給与が上がるということであり、人件費コントロールが難しくなるシステムだともいえる。

[4] 職務主義

職務を一つずつ定義し、その職務に人を配置する方式で、「職務主義」と呼ばれ、「職務等級」として運用されている。職務に対して人を配置するというのは、人の能力に応じて等級を定め、職務を配分する職能主義とは逆の考え方だ。職務等級における各職務のランク付けは、その責任の範囲や職務の大きさで決定される。

職務ごとに定義されるのは報酬もしかりで、同じ部長クラスでも人事部長と総務部長は基本給が異なることもある。このように、職務一つずつの定義を作成し、その等級を決める作業は、かなり煩雑であり、人事組織にはある程度充実したリソースが必要となる。新たな職務が発生する都度にも必要な作業であり、また職務の変化に応じて年度ごとに等級を洗い替えする場合もある。

運用の負荷が大きい半面、職務が詳細に定められ、なおかつ報酬まで設定されていることは、採用マーケットで容易に比較しやすく、外部から人材を調達する際には合理的なシステムでもある。よって、人材の流動性が高く、なおかつ職務内容が比較的明確[4]な場合には機能しやすい。

また、職務の大きさで報酬が定められるということは、その職務を担うための報酬ともいえ、評価は、その職務をどの程度担えていたか、あるいはどの程度貢献できたかといった内容となる。加えて、その担えた度合いを変動給である成果給として設定することが多い。

職務主義は、「ジョブ型」とも呼ばれる。経団連が2020年1月に公表した経営労働政策特別委員会報告を契機に、「ジョブ型」という言葉がメディアでも取り上げられるようになった。

こうした流れからは職務主義が新たな制度のように思われるが、過去には、日経連（現・経団連）で「職務給の研究」が行われ、職務給導入の問題点が挙げられている。その中に「日本の実情に合わない」「長期経営計画に沿った賃金総額の安定管理との不整合」と取れる記載があるが、そのベースにあるのは、当時一般的であった終身雇用制度と年功序列の雇用風土であろうと筆者は考える。終身雇用は「就職」ではなく、「就社」の概念が強く、また、年功序列は人に応じて仕事を充てる仕組みになりやすいからだ。環境面でいえば、能力を育む中長期の期間が必要な職能主義のほうが、適していたと考えられる。

近年、ジョブ型として再度注目されているのは、激しく変化する事業環境に対して、終身雇用や年功序列の考え方がなじまなくなってきたこともあるだろう。

4 よくある誤解として、「職務主義（ジョブ型）は、職務定義書（ジョブディスクリプション）に記載してある仕事以外はさせられない」というものがあるが、欧米のそれでもそこまで限定的ではない。これが「比較的」と表現した理由である。

[5] 役割主義

ここまで解説した年功・職能・職務に比して、比較的新しい制度であり、定義される役割の大きさに応じて等級や基本給を決める仕組みである。組織が求める役割・その役割を遂行するための基本行動などが定義されるため、別名「ミッショングレード」ともいわれる。レベルが同等に近い複数の職務を役割として括った制度と考えてもらってよい。

このように、定義した役割が先にあって、合致する人を配置するという点では、職務主義と同じであるが、職務主義のように職務ごとに記述書があるわけではない。各職務を定義する煩雑さがなく、運用は職務主義に比べて簡便といえる。

ただ、定義される役割はやや抽象度が高い内容になるため、その役割を果たすために具体的にどのような仕事に取り組んでいくかを示す上では、職務主義に比べてある程度の現場の負荷が発生する。

具体的には、その役割が示す内容と各部門の業務を組み合わせて決めていく。ミッション、ビジョンを基に、部門の目標や組織計画を所与の条件としつつも、キャリアも考慮して上長と話し合いを進めていくケースが多いが、スタートアップ企業でマネージャーが十分に配置されていない場合には、自分自身で考えて決めていくこともある。

このような擦り合わせの時間コストは生じるものの、その時々の状況に合わせたより柔軟な職務設定が可能である。話し合って決めるにせよ、自分で決めるにせよ、そこに自分の意思が介在する余地があり、同じように仕事（職務）に人を配置する職務主義と比べても、ミッショングレード制は、自主性が促されることが一つの特徴といえる。すなわち、組織が何を求めているかは明確だが、その細部に至っては自主自立が尊重されるともいえる。

さらに、役割を果たして成果を出せば、さらにサイズの大きい役割を任される（昇進）という分かりやすいシステムでもある。役割は、「部長職」「課長職」といったように職位とおおむね連動している場合と、さらに抽象度が高く「監督職層」「管理職層」「技能職層」といったように区分される場合がある。どちらも、その層の中にいくつかの等級が設けられ、貢献度・熟練度などで区分されることが多い（ただし、この区分が年功的な運用になりやすいと批判されることもある）。

各期の評価の構成や対象は、職務主義とおおむね同じであるが、「同じ役割等級＝同じ職位」の構造とする設計が多いことから、職務主義より同一職位の社員間での比較が容易であり、相対評価になりやすい。

[6] 成果主義

成果主義は、これまで解説した年功・職能・職務・役割と異なり、等級制度の型になるものではなく、個人やチームの成果に応じて給与を決定する配分システムそのものである。一般には、固定給となる基本給に加えて、変動給となる成果給を付加するシステムだ。バブル景気の終焉で、職能主義の行き詰まりが顕著になった際に、模索され始めた。

成果を上げれば、それに応じて給与が増えるというシステムは、働く動機としては強力である。他方、給与総額のうち、変動する給与の比率が大きければ、生活への影響は免れない。また、何を成果と捉えるかを明確にすることも、運用においては難易度が高い点である。模索はされ始めたものの、いまだにうまく使いこなせていないのが現状だろう。個人の成果が売上に直接影響し月々の売上変動幅が大きい事業で用いられることが多く、成果給が給与総額に占める割合も大きくなりやすい（小～中規模の人材紹介業や不動産仲介業など）。

ここまで主だった制度の考え方について解説した。**[図表8-5]** に特徴を整理する。

[7] 各主義の整理

職務主義は検討されながらも定着しなかったことを考えれば、歴史的

図表8-5 人事制度の各主義の特徴

	等級の考え方		主な特徴	運用のしやすさ	賃金の性格	合致する事業環境
年功主義	人基準	年齢・社歴	年齢・社歴で等級が上昇する分かりやすさがあるが、その一律性から社員の新たなチャレンジを阻害しやすい	◎ 年齢・社歴は容易に把握し可視化できるため、運用も簡便にできる	社内競争的	中長期で安定 仕事内容・必要な能力の変化は少ない
職能主義		能力	学習意欲を育み、働く動機づけを形成できる。半面、能力の把握が困難で年功運用になりやすい	× 多様な職務の能力を正しく測定することは困難	社内競争的	
役割主義	仕事基準	役割の大きさ	仕事に人を配置するため人件費コントロールがしやすく、なおかつ人事異動も可能	○ 役割の設計・定義は、職位と連動させやすく、職務主義に比べて汎用性がある	社外競争的、社内競争的、双方の性格がある[注1]	
職務主義		職務の大きさ	仕事内容が明確で、賃金を含めた社外比較が容易。人件費コントロールをしやすい半面、人事異動は困難	△ すべての職務を分析・定義し記述するのは煩雑	社外競争的	不安定 技術・技能の陳腐化が早く、人材の流動性が高い

［注］1. 仕事×職位という観点では社外競争的であるが、定義される役割は社内独自のものになるため、社内競争的にもなる。
2. 職能主義が結果的に年功的になりやすいという批判は、「能力を測定する」運用が困難であることを物語っているといえる。

には年功→職能→役割・職務と変遷してきたといえる。ただし職能主義は、運用能力のある伝統的な大手企業ではまだ主流で用いられており、変遷というのは正確ではないかもしれない。

バブル景気の終焉で成果主義が模索され始めたことを考えれば、変遷の裏側には時代背景がある。働き方改革しかりで、時代の動きとそこでの課題が人事制度に影響を与えていくのは間違いない。現代は、前述のとおりマクロで見れば、人材の流動性の高まりが示すように、職能主義がこれまでのように幅広く運用できる環境ではなくなりつつあり、一定の効果を享受できる産業や企業では残りつつも、今後盛り返していくとは言い難い。

年功や職能が、働く人、つまり労働力という供給側を重視した等級・賃金であるのに対し、役割や職務は仕事、つまり需要側重視の制度であるといえる。これまでの移り変わりを考えれば、さらに仕事を基準とした制度体系になっていくと考えられる一方、少子高齢化で働く人が少なくなる環境を考えれば、優秀な人材を確保するという観点において、供給側重視の制度が何らかの形で組み込まれてくるのではないかと考えられる。

例えば、働き方改革の一環で転勤を廃止した企業がいくつかある。より人間らしい暮らしをしようということだ。在宅ワークもコロナ禍で一般的になった。遠隔地で自然に囲まれたライフスタイルをとりながら、リモートワークで働く人も珍しくなくなった。このように仕事と生活のバランスを取ることは、働く側からすれば、終身雇用全盛の時代には考えられなかったことであるし、企業側がバランスに深く配慮することも考えられなかった。

こうした動きに名前を付けるとしたら、“人間主義”とでもいえようか。現時点で見通せる範囲での今後の環境を考えれば、需要（仕事）重視でありつつも、手当や働き方で供給側の意図を酌んでいく人間主義になっていくというのが、筆者の考えだ。**[図表8-6]**にこれらをまとめる。

どのような環境変化が起こるのかは、実際のところは分からない。その時に、これまでの歴史を参考に、自社を取り巻く環境と事業内容から、適した制度を考えていただきたい。

図表8-6　人事制度の変遷

年代	1950-60 年代→	1970-80 年代→	1990-2000 年代→	2010 年代→　今後
時代背景	・戦後復興 ・高度経済成長 ・所得倍増計画 ・神武景気 - 岩戸景気 ・東京オリンピック	・オイルショック ・公害・安衛法施行 ・交通・マスコミ・文化・芸術の発達 ・バブル景気	・バブル崩壊・経済停滞 ・就職氷河期 ・インターネット革命 ・いざなみ景気 ・リーマンショック、派遣問題	・モバイル技術・スマホ ・東日本大震災 ・尖閣、竹島問題 ・安倍内閣 ・ドローン・AI 新技術 ・働き方改革
評価の主義／軸	年功主義 属人要素 年齢・勤続 学歴	能力主義 能力 （職能）	成果主義の模索 能力・成果	過渡期　**人間主義の台頭** 仕事要素 能力？役割？ 職務？成果？
型	供給重視の賃金制度 減点主義		需要重視の賃金制度	**供給需要のバランス** 加点主義

資料出所：石田光男（2006）「賃金制度改革の着地点」，日本労働研究雑誌48(9)，pp.47-60および今野浩一郎（1998）『勝ちぬく賃金改革―日本型仕事給のすすめ』，日本経済新聞社を参考に筆者作成

4　スタートアップ企業における人事制度導入の考え方

[1] そもそも人事制度は必要なのか

スタートアップ企業の規模で、そもそも制度として格式ばったものが必要なのかという議論もあろう。実際、10人程度の創業初期に、人事制度をつくり運用している余裕もない。ビジネスモデルが固まっていない段階では、何を良しとするかの評価基準を定めるのも難しい。ましてや、労働法規の規制により、解雇や賃下げが困難な日本において、資源に乏しいスタートアップ企業が起業直後から報酬をシステマチックに決めることにはリスクを伴う。

しかし、前項で解説したとおり、人事制度とは「明日また頑張ろう」と思えることを目的とするシステムであり、社員各人がビジネスゴールに向かって、適切な環境で適切に行動できるようにすることが本質である。

この前提に立てば、スタートアップ企業は規模が小さいから人事制度は必要ない、という単純な結論にはならない。ただし、適切な制度導入のタイミングや条件は存在する。

[2] 人事制度導入のタイミング

人事制度に限らず、制度を導入するということは、一定のルール・尺度で物事を決定するということである。それは、誰か特定の人物による決定ではなく、ある種の法の下で意思決定を進めるということであり、大げさな表現でいえば、人治から法治への進化ともいえる。その必要性が生じるのは、意思決定者にとって、それまで見えていたこと・把握していたことが同じようにできなくなった時だ。ただし、自ら「分からなくなった」と思えるかどうかは、認知バイアスもあるし個人差がある。そのため法治へ移るタイミングの“目安”を持っておくのがよい。

その目安は、第２章で紹介した成長の５段階モデルでいえば、第２段階の「指揮による成長」へ移るフェーズである。組織が成長し、人数も増えたことで何らかの統率が必要になる段階だ。この段階を迎えるまでに人事制度を整備しておく必要がある、ということではないが、少なくともその準備には入りたい。制度の導入が、第２段階手前に予見される「リーダーシップの危機」を早く切り抜ける助けになる可能性があるからだ。

組織において、意思決定が必要となるのは、「組織内においてどうするかがまだ決まっていない」場面である。その意思決定のほとんどは、初期は経営者が担うことになる。経営者はその意思決定の都度、複雑な情報処理を行うが、当然未経験の事項もあり、適切ではない意思決定をしてしまうこともある。人事の意思決定に関することは、その最たるものといえるだろう。

人事制度制定時に十分な検討を経ていることを前提としてではあるが、制度として定められていれば、経営者による意思決定の都度の負担が軽減され、スムーズに進むこともある。その繰り返しが、意思決定の学習にもつながり、組織の長としてどのような時にどのような判断をすればよいかを体得することになる。結果として「指揮による成長」への移行も円滑に進む。

また、「指揮による成長」は、初期分業の始まりでもあり、分業化した組織には新しい責任者が就くことになる。その責任者を通してマネジメントが行われるため、経営者からは個々人が見えにくくなる（このタイミングで「分からなくなった」ことに気がつくことが多い)。「指揮による成長」の前に準備に入りたいというのは、気がついた時から準備を始めても、事業の成長スピードに追いつかず、機会損失となる可能性が高いからだ。

[3] 導入できる条件

とはいっても、分業組織ができ始めるくらいのフェーズでは、人事担当の専任者が１人いるかどうかの規模であって、このタイミングで人事制度の準備を始めようというのは理想論でもある。

実際には、人事制度を構築し導入できる条件がある。それは、(1) 事業成長の蓋然（がいぜん）性が高いこと、(2) 社員に対する経営・マネジメント層の関心が高いことである。

(1) 事業成長の蓋然性が高いこと

人事制度の本質の一つが、「ビジネスゴールに向かうこと」だと解説したが、事業のフェーズによっては、何に投資すれば売上が伸びるのかがまだ明確でない場合もある。そうなると、仮説を立て、PDCA を高速で回して検証していくしかないわけだが、その段階では、眼前の目標に懸命に取り組み目指す成果が上がったとしても、それがすぐに事業の拡大につながるとは限らず、何が良くて何がダメなのかといった評価もできない。また、事業の拡大につながる見込みが立たないということは、継続的な売上・利益につながる確証がないということであり、そうなると制度を構えて給与として配分する原資も十分確保できないことになる。

このようにビジネスがどこに向かいたいのかが定まっていない状態、つまりどのような成果や行動を尊べばいいかが定まっていない状態では、等級・評価・賃金のいずれも確たるものにはできない。「明日また頑張ろう」と思える要素をそろえられないのだ。

よって、何に向かって頑張れば事業成長するのかといった「事業の蓋然性の高さ」が、人事制度の導入に不可欠な条件となる。

(2) 社員に対する経営・マネジメント層の関心が高いこと

スタートアップ企業は、社会課題の解決や、新たな技術を生かした革新的なプロダクトやサービスの創出などを目指す創業者の動機から設立されることが多い。そしてそのビジョンに賛同・共感する仲間が集い、組織の形を成していく。そのため、創業者・経営者・初期幹部ともに、事業を成長させることへの関心は高い一方、社員への関心は相対的に低くなりがちだ。

そうすると、1人の人間のエネルギーのシェアとして、ピープルマネジメントへの配分も相対的に少なくなり、評価やフィードバックを通じた組織能力の醸成も遅れることになる。結果、人事制度があったとしても、マネジメントの関わりが薄いまま、制度が独り歩きしてしまう。

人事制度はあくまでもツールであって、主体はそれを扱うマネジメント層とメンバーだ。個々人の成長と成果に目を向けられる状態でなければ、いくら良い人事制度があったとしても、「明日また頑張ろう」と思える循環につなげることはできない。

[4] スタートアップ企業の人事制度を考える観点

上記2点を人事制度導入の前提条件としたときに、具体的にはどのように制度設計を考えるべきなのか。スタートアップ企業においては、以下の三つの観点が必要となる。

(1) ベースとなる考え方（主義）の観点

本章❸で紹介した、年功・職能・職務・役割などの制度のベースとなる考え方である。

過去の日本の製造業では、能力を高めることに報いることが、事業成長につながる性質があった。需要が豊富で製造量が売上に直結しており、なおかつ、製造業の性質上、人の能力が生産性に大きく影響を与えていたからである。

このように、事業構造として、何に報いることが成果を導き、事業成長につながるのかを明らかにした上で、制度にどのような考え方を用いるのかを決めていかねばならない。

これは、スタートアップ企業においても同じ考え方であり、各事業の性質による。しかし、中途採用が前提であり、採用は職務に対しピンポイントで実施、なおかつ人事のリソースが十分にないことを考えると、年功や職能は採用しづらい考え方になる。

他方、成果主義は、等級そのもののベースとなる考え方ではないものの、処遇の考え方として検討できる点がある。スタートアップ企業は未知の業務に取り組むことから、定量・定性ともに成果の定義を丁寧に検討する必要があるものの、事業戦略の実行の難易度から考えれば、その見返りの報酬（成果給）を魅力的にする利点があるからだ。

(2) 運用能力の観点

人事制度導入の前提として挙げておきたいのは、「A：マネジメント層（評価者）が制度を活用してメンバーを支援できる能力」と、「B：人事担当者の制度運用能力」がどれほどあるか、である。これらの能力は複雑であり、実務経験の量に置き換えて考えてもよいだろう。この能力や経験のレベルによって、制度でできることが決まってくる。

この点は、マネジメント層が充実していないスタートアップ企業においては、他の一般企業以上に重要な観点となる。

まずＡに関しては、マネジメント層が常日頃から社員の成長をともに考え、目標設定・フィードバック等を行っているなら、そうした取り組みを標準化・ルール化して制度として取り入れることも可能だ。その際に運用ルールをある程度柔軟に定めて、マネジメント層が自分で考えて決定できる余地を入れるなど、マネジメント層の成長にもつながる取り組みにすることもできる。

しかし逆に、マネジメント層に初めて評価者になる人、あるいは初めてマネージャーになるという人が多ければ、まずは評価をしてみるという体験からスタートせざるを得ない。

Ｂの観点は、人事担当者が制度運用の状況を踏まえて見直し・改善していくことができるか、ということである。スタートアップ企業の人事制度は、リリースした瞬間に課題が生じるといってもよい。事業は常に変化しているし、外部環境も変わっていくからだ。事業の成長を目的とする人事制度において、その検討時点とリリース時点で、その前提となる事業環境が変わってくることも珍しくない。そのため、クイックな制度検討と設計、ローンチが求められる。

臨機応変とまではいかずとも、そうした変化に合わせて、評価のパラメーターや実施時期、運用の調整、場合によっては制度そのものを変えていける能力がどれほどあるかによって、制度の柔軟性をどの程度担保できるかが変わってくる。

マネジメント層と人事担当者の運用能力が不十分なままで、複雑で難しい制度を入れるとすると、ルールでガチガチに固めた運用にならざるを得なくなる。そうすると、運用マニュアルや研修内容を作り込むために多大な工数が必要となり、それらを受講して体得しなければならない評価者の負担も大きくなる。

このようなプロセスがマネジメント層の成長につながればよいが、一般的には、制度・マニュアルを作り込めば作り込むほど、考課・評価が「決められたことを正確に行う」作業・儀式となってしまう。本来、評価とは、人が成長するきっかけを作れる素晴らしい機会なのだ。誰しもが同じ方法で成長するわけではなく、そこには一人ひとり異なった創意工夫が必要となるはずなのだ。それは評価者にとってクリエイティブな仕事であり、作業であるはずがない。

評価を作業に貶(おとし)めてしまうことは、その制度に込められた背景や意図が伝わりにくくなることでもある。すると、評価能力が未発達な評価者にも被評価者にも、制度自体への疑義が生まれやすくなってしまうのだ。

制度で何を良しとし、何をあしとするかには、経営の意思も込められよう。制度への疑義が生じるということは、経営への疑義が生じるということにほかならない。使い方を間違えれば致命的になってしまうのだ。

(3) 評価と金銭報酬の連動の観点

①連動の可否を巡り検討すべき五つの要素

人事制度を考えるという観点では、等級制度・評価制度に加えて、賃金制度も考えねばならない。つまり、評価結果を金銭報酬（給与）にどう反映させるか、という観点だ。ビジネスモデルが固まり、なおかつある程度事業の勝ちパターンが明らかになっている状態であれば、評価と査定を連動させることは難しくない。一般的な企業では、どのような評価結果であれば、給与のプラス（あるいはマイナス）がどのくらいになるのか計算できるようになっているだろう。

スタートアップ企業において、評価と給与をどう連動させるかを考える場合、前述の「事業成長の蓋然性の高さ」「社員に対する経営・マネジメント層の関心の高さ」のほかに、「戦略の明確さ」「バリューの浸透度合い」「給与水準」の計五つの要素を組み合わせて検討する必要がある。なお、スタートアップ企業における評価項目は、部門や個人の目標達成度合いや貢献度、バリューや行動指針に基づいた行動評価が用いられることが多く、それを前提として解説する。

- **戦略の明確さ**
  戦略の明確さは事業目標の明確さにつながり、それに基づく部門の目標や個々人の目標を適切に設定できるかにつながる
- **バリューの浸透度合い**
  バリューの浸透度合いは、それに基づく行動評価を構築・運用できるか否かに関連がある（行動評価は、部門や個人の目標を立てることが困難である場合、あるいは、目標を立てることで生じる弊害が大きい場合にも用いられる）
- **給与水準**
  給与水準がもとより高めであれば、評価結果によって上下しやすいが、もともとが市場相場より低い場合は、評価によってさらに低くすることは困難となる

そもそも評価制度や賃金制度自体を導入できるかも併せて、**［図表8-7］**に導入の目安となる指標を示す。五つの設問に対するポイントを合計し、そのポイントに応じて、評価と賃金の関連性の明確さも変わる。

このほか、現実的にはキャッシュポジションに大きく左右される。条件がそろっていても、資金調達の直前でキャッシュに余裕がない時には、新しい賃金制度は運用しづらい。かといって、資金調達前に社員に我慢をさせすぎると、資金調達後に大盤振る舞いをしてしまい、後々適正な水準に調整するのに苦労する。そうならないためには、事前に見越しておき余裕をもって取り組むことだ。**［図表8-7］**はあくまでも基準として参考にしてほしい。

図表8-7　評価制度と賃金制度の関連性

設問	YES（5点）	ー（3点）	NO（1点）
売上を上げるために何に踏み込めばよいか分かってきた	蓋然性は高い	ある程度分かってきたが、確定ではない（競争が激しい）	いいえ、まだ試行錯誤
経営・マネジメント層の社員への関心は高い	高い、あるいはピープルマネジメントの役割がある	部署や個人によって差異がある	カルチャーとしても仕組みとしても高くはない
事業戦略は明確である（何に注力するか）	明確であり、実行するのみの状態	まだピボットの可能性はある、または大きく変化する可能性はある	スタートしたばかりなので分からない
会社のValueは定まっており、浸透度も高い	明確であり、皆そのスタンスで行動している	定まっているが、行動まで伴っていない	定まっていない、あるいは明文化されていない
現行給与は、市場と同程度である	同程度、あるいは市場より高め	市場と同程度か、あるいは低め	市場より低い

■21点-25点：比較的明確な評価制度・賃金制度の制定が可能。運用能力があるか否かがポイント
■15点-20点：評価制度の導入は可能。賃金との連携は事業次第。内外の環境変化の影響を考慮した余白をどれだけ残すかがポイント
■10点-14点：評価制度の導入は可能だが非推奨。賃金制度との連携も難しい。業績賞与・行動の360度評価といった部分施策の導入からスタートする
■5点-9点：制度としての制定は推奨しない。期ごとに何を目指すか何を尊ぶかを決めて、その結果に対して報いる

事例9　U社の人事制度導入プロセス

Vertical SaaSプロダクトの開発・販売を手掛けるU社は、プロダクトの方向性も固まり、スケール体制に入ったところであった。「指揮命令の成長」の段階に突入し、半年前に入社した社員がリーダー職に就くなど、組織内の階層もでき始めてきた。

それまでは、経営－全メンバーといった体制であり、すべての業務を1人の経営者が直接管轄していた。そのため、行動・成果の把握に困ることはなかった。適宜フィードバックはなされ、各人の報酬も経営者が自ら決定することで、ある種の公平性が担保されていた。

しかし、階層ができ始め、なおかつ経営陣にCOOが加わると、今まで把握できていたこともできなくなり、何らかの評価制度を導入する必

設問	YES（5点）	－（3点）	NO（1点）
売上を上げるために何に踏み込めばよいか分かってきた	蓋然性は高い	ある程度分かってきたが、確定ではない（競争が激しい）	いいえ、まだ試行錯誤
経営・マネジメント層の社員への関心は高い	高い、あるいはピープルマネジメントの役割がある	部署や個人によって差異がある	カルチャーとしても仕組みとしても高くはない
事業戦略は明確である（何に注力するか）	明確であり、実行するのみの状態	まだピボットの可能性はある、または大きく変化する可能性はある	スタートしたばかりなので分からない
会社の Value は定まっており、浸透度も高い	明確であり、皆そのスタンスで行動している	定まっているが、行動まで伴っていない	定まっていない、あるいは明文化されていない
現行給与は、市場と同程度である	同程度、あるいは市場より高め	市場と同程度か、あるいは低め	市場より低い

■21点 -25点：比較的明確な評価制度・賃金制度の制定が可能。運用能力があるか否かがポイント
■15点 -20点：評価制度の導入は可能。賃金との連携は事業次第。内外の環境変化の影響を考慮した余白をどれだけ残すかがポイント
■10点 -14点：評価制度の導入は可能だが非推奨。賃金制度との連携も難しい。業績賞与・行動の360度評価といった部分施策の導入からスタートする
■5点 - 9点：制度としての制定は推奨しない。期ごとに何を目指すか何を尊ぶかを決めて、その結果に対して報いる

要性が生じてきた。そこで等級・評価・報酬制度を検討したが、リーダー職に登用した社員3名は、前職も含めて評価者としての経験がなかった。マネジメントへの関心はあるものの、個々でのバラつきもある。なおかつ、会社としてのバリューも制定したばかりで、浸透は不十分であった。**［図表8-7］** に当てはめてみると上表のとおり、「10－14点」に相当する状況となっていった。

そこで、U社は、まずは他者をよく観察すること、そして良しあしを相互に伝え合う文化を醸成することにした。具体的にはバリューに則した行動を褒め合うことから始めたのだ。四半期に一度、会社が定めた四つのバリューに対して、他のメンバーがどのように行動していたのかを簡単に記述し、共通の基準で評価をしていく。そして、最も評価された社員をたたえ表彰した。いわゆる360度評価だ。社員数も20人程度で、オフィスもワンフロアで見渡せる環境であったこともあり、スムーズに

運営できた。

1年ほど継続すると、どういった行動が周囲から尊ばれるかが明らかになり、リーダー職の上のマネージャー候補も見えてきた（逆にこの間にリーダー職は2人入れ替わった）。

その後、マネージャーが2人配置できたところで、本制度は役割を終え、本格的な等級・評価・賃金の制度を導入した。しかし、事業成長の蓋然性にはなお余白が残されていたため、評価結果をダイレクトに昇給に反映する仕組みの導入は見送ることとした。

適切なステップを踏んだこともあり、その後2人マネージャー体制から5人マネージャー体制までスケールし、1年半で社員数は50人を超えた。

②給与との連動により、評価に“ゆがみ”が生じるリスク

なお、評価結果と昇給額をあまりに固定的に連動させることは、健全な成長を阻害する可能性がある。説明を簡単にするために、用語の説明から行う。考課・評価・査定という言葉は、同じ意味で用いられることも多いが、あえて使い分けすると［**図表8-8**］のような意味となる。

プロセスとして、まずは一定期間の業績や行動を正しく把握（考課）して、何が良かったのか、何が改善点なのか良しあしをつけて（評価）、その結果処遇を決める（査定）ということになる。

組織と個人の成長には、この「評価」というプロセスが欠かせない。行動と結果を振り返り、次の期に向けての改善点を整理し、組織のビジョンや目標、自分のキャリアとの擦り合わせを行うことで、新たな動機を持つことにつながるからだ。

よくある不幸は、評価プロセスをおざなりにして、査定結果だけを被評価者に伝えてしまうことだ。仮に昇給したとしても、被評価者は、何が良くて昇給したのかも分からず、明日からの行動に迷いを持つことになる。これが減給であればなおさらだ。

図表8-8 考課・評価・査定の違い

考課
評価
査定
一定期間の対象者の成果・行動・能力を把握すること
何が良くて何が改善点か判断すること
賃金・役職等、評価結果の処遇を決めること
上期、佐藤君は、○○と××を達成したね。顧客からの評価は■点だ。360度の行動評価は△△のようだ。
○○と××は、期初の目標をクリアしたね。これはチャレンジ要素だったから高く評価できる。A評価だね。他方、◇は…の点が要改善点だ。こちらはB評価だね。総合でB+だね。
今回、B+評価の給与は現状維持ですね。業績賞与は+20,000円ですね。

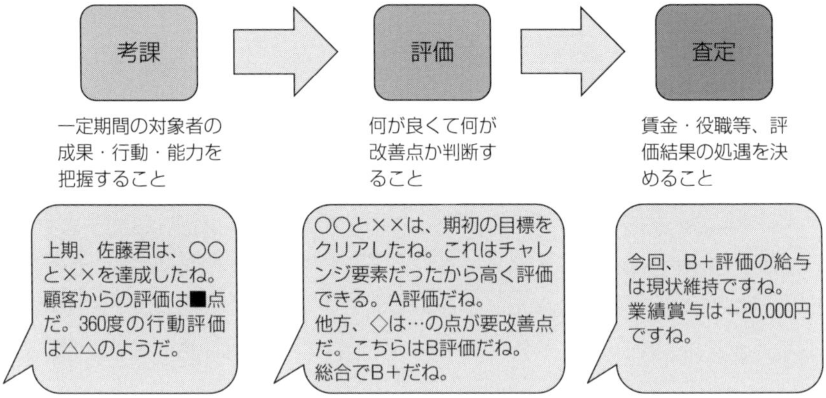

こうした不幸が発生しやすい要因は二つある。一つは評価者の経験不足や、そもそも上長が不在であり正しく考課が行われない場合である。把握していないのだから、評価のしようもない。何となく良しあしをつけてしまうので、フィードバックができないのだ。

もう一つは、評価結果と昇給額が固定的に連動していて、配分できる昇給原資から逆算して評価結果を決めてしまう場合である。仮に全員が高い成果を上げ、Aという評価結果となったとしよう。Aという評価は2万円の昇給と決められているとする（実際に決められている場合は、等級ごとにその額は異なる）。人数×2万円が昇給原資を大幅に超えている場合、1人に割り当てられる昇給額は2万円を割り込む。仮にその割当額を1万円としよう。評価と査定での昇給額は決まっているので、1万円の昇給額から評価結果を割り当てるとC評価となるとする。そうすると、もはやつじつまが合わなくなる。評価結果をCにゆがめるか、評価のフィードバックを行わず査定結果だけを伝えてお茶を濁すような雑なコミュニケーションしかできない。

そうすると、被評価者としては、明日から何をどう頑張ればよいのか分からなくなってしまい、モチベーションも下がる。評価者も後味が悪

く、今後のマネジメントがやりにくくなってしまう。

ここで例に挙げた評価の“ゆがみ”を肯定するわけではないが、実は珍しいことではなく、予算統制が厳しい企業ではしばしば見かけるものだ。しかし、スタートアップ企業では、その規模の小ささから、例え１人の社員であっても「明日から何をどう頑張ればよいか分からなくなってしまう」可能性は、看過できないリスクである。

スタートアップ企業では、個々人が頑張って成果を上げたとしても、それが売上・利益にすぐに結び付かないことがあるのは、ここまで述べたとおりだ。そして、資金に余裕があることはそれほど多くない。IPO審査に入っている場合、事業計画の達成度合いも見られるため、昇給原資も大幅には増やせない。こうした環境で、評価結果と昇給額をあまりに固定的に結び付けていると、このような不幸を誘発するきっかけとなりやすい。

以上を踏まえて、評価は評価として正当に行い、昇給は評価結果をベースにしつつも、一定の原資の範囲で柔軟に配分を決定できるような制度にしておくことをお勧めする。例えば、**［図表8-9］**のような設定でもよい。どのような条件で昇給の可能性があるかのみを示し、具体的な金額は、その時の原資や事業コンディションに応じて定めるのだ。ただし、これは事業成長の蓋然性が相当低い場合の一例であり、蓋然性が高まるにつれ、その数字設定は精度を高めていくべきであろう。

なお、IPO準備の予算統制に入る前の段階であれば、昇給原資は予算設定次第であり、それを抑えることが正しいとも限らない。時には、さらなる事業成長のための人的資源確保の観点から、経営陣と人事で協議し、原資（設定した予算）を超えてでも、昇給をしたほうが良い場合もある。

図表8-9 評価結果と金銭処遇の接続の一例

評価結果	事業目標達成 部門目標達成	事業目標未達成 部門目標達成	事業目標未達成 部門目標未達成
S	昇給	昇給	一時金
A	昇給	一時金	—
B	一時金	—	—
C	—	—	減給の可能性あり
D	—	減給の可能性あり	減給の可能性あり

［注］ 1. 評価結果がS/A/B/C/Dとレイティングされる場合の例を示した。どの評価結果を昇給・減給とするかなどは、各社のHRMポリシー（報酬ポリシー）による。
2. 昇給額は、事業目標達成率および等級により異なる。
3. 評価結果は、目標達成率や行動評価や部門目標への貢献度等により判定されることが多いが、各社の規模や事業により異なる。

［5］結論―スタートアップ企業の人事制度のベース

以上、スタートアップ企業の人事制度を考える上での三つの観点を示した。事業の性質や組織規模にもよるので、一様にこのスタイルが良いとは言い切れないものの、一つの基準を示すことができる。

筆者が示すスタートアップ企業の人事制度のベースは、「役割等級制度を軸として、これに連動する役割給を基本給の柱とし職種によって成果給（ただし定性成果も含む）と二本立てで構成」というものである。具体的には、**［図表8-10］**のような等級体系・基準に基づくものが想定される。

［4］（1）の観点から、消去法で年功と職能は消える。**［4］（2）**の観点から運用能力といった観点で職務は消える。残ったのが役割ということになるが、そういった消極的な観点での結論ではない。

それは、役割（ミッショングレード）の特徴の一つである「自主性を促せる点」である。スタートアップ企業にとって、完成された仕事などないに等しく、常に流動的である。その一つ一つを常に定義して指示していくことなど到底できない。一人ひとりが自分の仕事の何たるかを、

図表8-10　役割等級表の例

スペシャリストラダー			
区分	グレード名称	対応職位	期待役割
専門職層	フェロー	フェロー	①専門領域でマーケット標準を創出する ②論文等の確実性の高い領域でマーケットに評価され、企業価値に貢献する ③経営計画における専門領域のビジョンと実行計画を定める
専門職層	プリンシパル	プリンシパル	①マーケットから評価され、外部講演等で企業価値に貢献する ②専門家としての知識・技能・ネットワークを用いた全社レベルの難易度の高い課題を解決する ③全社の専門性向上策を提言し実行する
専門職層	エキスパート	エキスパート	①独力で担当領域のバリューチェーンを回し、成果を上げる ②専門性を生かして所属組織の難易度の高い課題を解決する ③チーフ／スペシャリストのロールモデルとなり、積極的に採用・育成・キャリアアドバイスを行う
専門職層	スペシャリスト	スペシャリスト	①独力で担当領域のバリューチェーンを回し、成果を上げる ②チームの技術的課題を解決する ③部長・課長へ専門的見地から助言を行う

マネジメントラダー			
区分	グレード名称	対応職位	期待役割
上級管理職層	オフィサー	執行役員／本部長	①担当領域・ミッション全体の執行に責任を持つ ②担当領域の戦略・方針を定める ③担当領域の PL ／ BS 責任を担う ④本部長候補を輩出する
上級管理職層	ジェネラルマネージャー	本部長／副本部長	①機能組織群あるいは重要な部・室、プロジェクトの損益予算・投資予算・人事の実行管理を行う ②専門機能組織群をマネジメントし成果を上げる ③部門長を育成し、本部長候補を輩出する
管理職層	シニアマネージャー	部長／室長	①担当部門の戦略・方針を立案し実行する ②機能組織あるいは重要なプロジェクトをマネジメントし成果を上げる ③機能組織の人事・労務管理を行う（採用・育成含む） ④部長・室長候補を輩出する
管理職層	マネージャー	課長／室長	①上位組織の方針の下、チームの戦術を立案し実行する ②チーム業務の品質・予算・納期管理を行う ③チームメンバーのマネジメントを行う（採用・育成含む） ④課長候補を輩出する

区分	グレード名称	対応職位	期待役割
技能職層	チーフ	主任	①担当業務を独力で実行し成果を上げる ②チームの業務品質を向上させる ③チームメンバーの技術指導を行う
技能職層	メンバー	／	①定期的に指示・サポート・確認を得て担当業務を独力で実行し成果を上げる ②複数のルーティン業務を独力で実行する ③業務で得た知見を記録しチームに還元する
技能職層	アソシエイト	／	①指示・サポートを得ながら正確に業務を実行する ②ルーティン業務を指示・チェックを得て独力で実行する

［注］期待役割を担う上での「期待行動」「必要となる能力」「責任の範囲」「仕事の時間軸」「求められる能力」が定義される場合もあり、企業によって設定は全く異なる。

定義された自分の役割（ミッション）に沿って、何をしていくことで役割を果たせるかを上長とともに考える必要があるからだ。

なお、何をしていくかを適切に考えるためにも、評価によるフィードバックは重要であり、処遇を決定する際の配分原資の都合で評価がゆがめられることのない設計を心掛けてほしい。

[6] 人事制度において最も大切なこと

人事制度において最も大切なことは、「すべてが成長できるか」ということである。すべてとは、事業、経営層、評価者、被評価者だ。制度の設計・運用を通して、事業と３者が互いに影響し合い、新たなステージに進めるようになることだ。人事制度の設計自体が事業の成長に向かうことを前提とすることは既に述べたとおりであるので、残りの３者について言及する。

評価者が制度を用いる中で、これまでやってこなかった新たなマネジメント手法に取り組むことや、それに熟練していくことは成長といえる。もちろんすぐにうまくいくことばかりではなく、むしろ初めはうまくいかないことのほうが多いだろう。しかし、その困難さに取り組み、内省とフィードバックを得ることを繰り返すことによって、よりメンバーの成長を促すことができたり、関与できるメンバーの数を増やすことができたりする。

被評価者は、制度の下、自分自身のキャリアや目標に向かって、新たな領域にチャレンジでき、その結果から学びを得ることができる。これは成長にほかならない。このチャレンジを支援する環境を整えるのは評価者である上長であろうから、上長（評価者）の成長がメンバーの成長に影響する。また、メンバーの成長は、評価者の自信となる。自信を得た評価者はさらに高いマネジメント目標に取り組む。

こうした成長を実現するために必要なのは、「経営・人事・事業責任者が一体となって、事業と社員の望ましい未来を真剣に考え、それを言語化すること」であり、「いかに社員を巻き込んで制度を設計していくか」である。

このプロセスは、組織を一体化させ、より良くしていく組織開発であり、自分たちで自分たちの組織の未来をつくっていく自己組織化の能力を磨くことにつながる。

世の中には、いとも簡単に人事制度が構築できるとうたうセミナーやサービスが実に多い。しかし、すべて他者に作ってもらった制度や、誰かから借りてきた言葉などで、複雑なシステムを社員に納得してもらうことなどできない。人事制度を外部に丸投げすることなどは、経営・人事の仕事放棄であると言わざるを得ない。

ましてやスタートアップ企業は前例がない新しい事業を行っているのだ。これまでの企業とは、事業も組織規模も異なる。組織文化も異なれば組織能力も異なる。他社と同じテンプレートの人事制度をそのまま使ってうまくいく道理がない。

多少うまくいかないことがあっても、自分たちで頭を悩ませ創り上げるからこそ、社員に届くメッセージとなり得るのだ。初めからうまくいく人事制度など、全く筋肉痛にならないトレーニングと同じで成長に寄与しない。少し難しいと思えるくらいでちょうどよいのだ。

5　本章のまとめ

[1] マネージャーを支え成長させる

事業戦略を実行する組織を運営していく上で、組織とそれを構成する人の交互作用を、マネージャーの人間力だけでまとめていくのは無理がある。組織の意図する何らかの決まりごとがあり、公にされていれば、それは十分にマネージャーを支えることができる。それに則（のっと）ってマネジメント経験を重ねるうちに、マネジメントの習熟度も上がってくる。

[2] 明日また頑張ろうと思える循環システム

人事制度は、広義には等級・評価・賃金の３本柱の制度だけではなく、福利厚生や教育研修などの周辺制度も内包するホールシステムである。単に金銭報酬を決定するだけではなく、本質は自己効力感・チーム効力感がフィードバックされ「明日また頑張ろうと思える」循環システムなのである。

また、その効力感の源となる成果と行動の安定性と再現性を保つためのピープルマネジメントについても規定される。

評価において何を良しとし、何をあしとするかは、何が事業を成長させるかに大きく依拠する。

[3] スタートアップ企業には役割主義＋成果主義（定性含む）

事業の性質や組織フェーズに大きく依拠するものの、事業が絶えず成長変化することを考慮すれば、役割等級（ミッショングレード）をベースに、その役割を果たした度合いの成果、つまり個人やチームの成果を反映する成果給という構成が良いと考える。ただし、これはあくまでも目安となる基準であって、あくまでも事業の性質を理解して個社ごとに考えていただくことが必要だ。何を成果とするか、また、目標を持つ場合の難易度も慎重に設定してほしい。

[4] 人事制度において最も大切なこと

人事制度は、企業の根幹となる文化を創るプロセスであるともいえる。社員を巻き込み、「経営・人事・事業責任者が一体となって、事業と社員の望ましい未来を真剣に考え、それを言語化する」ことは、組織開発そのものである。それだけに、人事制度を外注することなどは全く意味がないことといえる。自分たちが自分たちを成長させる取り組みなのだ。

第9章

報酬マネジメント

本章のポイント

①働く上で価値を感じる金銭以外の報酬とは何か
②外的報酬と内的報酬の関係
③スタートアップ企業における金銭報酬の設計

1 報酬体系

[1] 報酬とは何か

先人にひと昔前のスタートアップ企業の様子を伺うと、まるで戦争中の標語の「欲しがりません、勝つまでは」を地で行くように、満足な報酬体系は存在しなかったようだ。1990年代に筆者が一社員として在籍した企業も同様であり、長い労働時間の割に賃金はさほどでもなく、非常に苦しい思いをしたことを覚えている。

そのような環境でも続けていけたのは、誰かに命令されるでもなく、自立能動的に難解なことに取り組む、まるで難しいパズルにでも取り組んでいるような仕事そのものに面白味があったからである。そうした仕事の進め方が自分に合っていたのだろうと思う。

IPOすれば、ストックオプションがどうだ、株価がどうだ、と言われていたが、当時の自分にはピンと来ず、何のことやらあまり分かっていなかった。これらを併せて考えると、自分にとっては、自立能動的に難しいことに取り組めることが一種の報酬であり、当時の労働環境や賃金と釣り合っていたのだろう。

こうして考えても報酬とは、金銭的なものだけではないことが分かる。辞書で「報酬」と引くと、主として賃金の類いが記載されているが、ほかに「人に特定の行動を促す、快感をもたらす刺激。また、その原因となるもの」という意味もあるようだ。シンプルに「もらってうれしいもの」という言い方もできる。では、金銭以外の「もらってうれしいもの」は、ほかには何があるのだろうか。

[2] お金以外に人が価値を感じるもの

人が働く上で、金銭以外で価値があると認識されるものは、四つの体系に整理される。「環境の価値」「仕事の価値」「人の価値」「組織の価値」だ［**図表9-1**］。

環境の価値は、快適なオフィスやハイスペックなパソコンなど、物理的な環境を指す。勤務時間や働く場所の自由度が高い働き方等も含まれる。

自分自身が成長できる仕事や、キャリアを形成できる仕事といった仕事そのものの価値は、この四つの中でも最も大きいものだろう。また、その仕事をともにする上で有形無形な学びを得ることができる同僚や、仕事の指導・育成を担ってくれる上司といった人の価値も大きな影響を及ぼす。

また、組織に属することで得られる帰属意識、協働の連帯感、その中

図表9-1　人が働く上で価値を感じる金銭以外の報酬

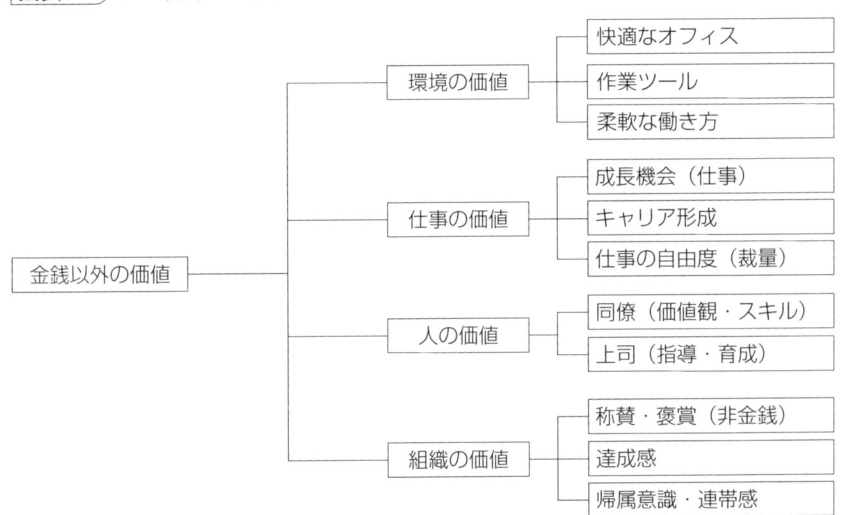

で褒めたたえられることも価値といえる。いずれも「もらってうれしいもの」だ。

これら四つは独立して存在しているものではなく、その企業の価値観の下、交互作用を伴って構成される。例えば、筆者の研究では、スタートアップ企業では、環境の価値が組織成長の自主性の危機を軽減し、指揮命令の成長の期間を長くできることで、仕事の価値が高まっているケースが数例認められた。

[3] 外的報酬と内的報酬

報酬は、「与えられるもの」と「自らの内側から湧き起こるもの」という区分もできる。前者は「外的報酬」といい、後者は「内的報酬」という。外的報酬は、金銭報酬や、昇進によるステータス、労働条件等も該当する。対して、内的報酬は、達成感や仕事そのものの面白味、成長実感といったものである。前述の筆者の体験は内的報酬が強かった例であるが、筆者に限ったことではなく、誰でも経験があることだろう。

内的報酬の存在を示す上で、有名な研究でデシの実験（Deci, 1969）というものがある。学生を二つのグループに分け、パズルに取り組ませる。グループ1は、パズルを解くと1ドルもらえる。グループ2は、パズルを解いても1ドルは受け取れない。1回目はグループ1も2も報酬なし、2回目はグループ1だけ報酬あり、3回目は再度双方とも報酬なしとすると、グループ1はパズルに取り組む時間が減少したのに対し、グループ2はパズルに取り組む時間に変化はなかった。グループ2は純粋に面白さでパズルに取り組んだのだ。「人はパンのみに生きるにあらず」という言葉があるが、まさにそれを実証しているといえる。

この実験からは、もう一つの重要な示唆がある。グループ1では報酬がなくなったことで、パズルに取り組む時間が減少したことだ。つまり、外的報酬（1ドル）が内的報酬（パズルを解く面白さ）を阻害したということである。これをアンダーマイニング効果という。報酬設計を行う際には、このアンダーマイニング効果に注意しなければならない。

2 スタートアップ企業での報酬マネジメント

[1]「給与が低い！」は真実ではない可能性

これまで述べてきたとおり、スタートアップ企業では、困難な仕事への取り組みが日常である。困難な仕事へのチャレンジは、時に自分のキャパシティを超えた努力の投入をいざなう。それが続くと、人は何らかの見返りを求める。

本来は、スタートアップ企業の仕事に多く内在している成長実感や達成感を認知できるような取り組み（定期的な振り返りなど）がないと、その際に、外的報酬、特に金銭報酬の要求が発生しやすい。内的報酬の認知がない上に、外的報酬は自分自身でも可視化できて比較しやすいからだ。組織サーベイでも金銭報酬の要求は表出しやすいのでなおさらだ。

そして、経営陣も、その可視化された要求には反応しやすくなる。辞められては一大事と昇給や昇進を検討する。しかし、金銭報酬の欠如が要求の真因とは限らないのである。その場合、そのまま昇給などの金銭報酬の付与を行うと、アンダーマイニング効果を引き起こしてしまい、パフォーマンスは低下する。すると、内的報酬も発生しづらくなり、負のスパイラルが発生してしまうのだ。

やりがいがあり、なおかつ困難な仕事に取り組むスタートアップ企業だからこそ、見えていないだけでしっかりと存在している内的報酬を、本人が認知できるような働き掛けが必要となる。

[2] 金銭報酬の設計

「人はパンのみに生きるにあらず」とはいっても、「人はパンがないと生きられない」のも真実である。内的報酬のみが得られるような報酬設計では、「やりがい搾取」とも言われかねず、離職者が増加するのも時間の問題だ。そうなっては、欠員補充に多額の採用経費が一気にかかることになり元も子もなくなってしまう。事業の停滞リスクも高い。なお、内的報酬だと思っていたことが、実は外的報酬の影響を受けていたということもある（区別が難しい）。

このことからも、適切な金銭報酬の設計が必要といえる。ポイントは以下3点であるが、いずれも資本金やそのフェーズのキャッシュポジションに大きく左右される。また、以下のポイントをどうチューニングして差別化するかが戦略でもある。

（1）事業の性質に合わせた設計—早さと希少さ

取り組む事業のマーケットが急成長していくのであれば、多数の企業が参入してくることが予測される。例えば、フィンテックは2010年代初頭から成長を始め、多くの企業が誕生し、あっという間に産業と呼べるまで拡大してきた。

この成長マーケットの中でどれだけシェアを取れるかで、それ以降の利益性が変わってくるので、いかに早く事業組織の体制を構築できるかがポイントとなる。その際に人材を確保する上で多少賃金が高めとなっても、マーケットの成長スピードについていくことをまずは優先せねばならない。

また、その事業を営む上で必要な組織能力として、何らかの特殊な資格を必要とする、あるいは特殊な研究職など、人材マーケットで希少な存在である場合も、金銭報酬を高めに設定する必要がある。イメージとしては、医師や弁護士といった職種を思い浮かべてもらうといいだろう。

（2）組織フェーズに合わせた設計—事業成長の蓋然性

よほどの準備期間がない限り、設立当初から賃金テーブルがある企業などまずないので、その時点では金銭報酬は設計されていない。この段階では、マーケットの賃金相場をにらみつつ、大まかでよいので近い将来の賃金テーブルを想定して設計することが肝要だ。

実務的には、採用候補者の前職の給与に少し上乗せして採用するケースも多い。これは、人材獲得の早さと入社後の不安解消による早期パフォーマー化という点で効果的であるが、上乗せがすぎると後々の調整に苦労することになる。また、昇給させせづらいというデメリットも発生する。

この段階では、評価制度の導入もままならず、金銭報酬を決定する基準も持ちにくい。初年度決算を終え、何らか報酬を検討するタイミングでは、賃金そのものの改定（昇給）ではなく、その年度の目覚ましい貢献や望ましい行動への表彰、あるいは全員への金一封等、ねぎらいの意味合いが強いものを付与する形がよい。

賃金テーブルを整備するのは、等級制度・評価制度を整えるタイミングだ。この時に事業成長の蓋然（がいぜん）性が高ければ、昇給の条件や目安も整えられ、社員へのメッセージを明確にできる。事業成長の蓋然性がまだ弱い場合は、等級ごとの賃金額に幅を持たせ、採用の際に設定する役割や職務に対して、柔軟に給与を設定しやすくする。

昇給・減給に関しては、環境要因を変数とし、昇進・降職、昇降格がなくとも同じ等級の中で賃金を上下させられるような等級弾力性が高いものにする。さらに蓋然性が低い場合は、利益計画が想定以上に落ち込む可能性があるため、昇給だけではなく、業績賞与などの一時金を交えての設計が望ましい。昇給が昇進・昇格と同義に近い構造だと、固定給のベースが上がってしまい、経営を圧迫するリスクが高まることになる。

(3) 職種に合わせた設計―インセンティブ

マーケティングやセールスといった事業に直接的な成果をもたらす職種と、プロダクト開発やデザインといった間接的に成果をもたらす職種がある。また、それらの職種が活躍しやすいように組織や環境を整えたり、資金を調達したりする、人事・総務・財務・経理といった職種もある。

直接的な成果をつかさどる部署は、その成果を数字で表現しやすい。またその直接性は、会社への利益インパクトを計算しやすいこともあり、売上金額・契約数・目標達成率に応じて支払われるインセンティブが効果的だ。

インセンティブは、優秀な人材を惹きつけ、行動動機を強化する効果があり即効性も高い。それだけに、多くの業界で採用されている。保険や不動産といった業界では一般的なものだろう。注意しなければいけない点は、インセンティブは、その効果性と同時に、さまざまな好ましくない副作用も生じ得ることだ。

インセンティブは、基本的に個人の成果に対して支給される金銭報酬である。そうすると、支給される金額によっては、同じ業務の担当者間で大きな収入格差が生まれることもあり、それが元になってチームワークを壊してしまうこともある。すると、誰かの成功体験からの知見や、顧客情報などが共有されず、結果として組織能力が磨かれないことにつながってしまう。チームワークを尊重する組織文化やバリューを社内に示している場合は、その醸成を阻害してしまうことにもなる。また、支給される個人も、インセンティブがある月とない月で収入に大きな差が生じ、生活が不安定になる原因にもなりかねない。

スタートアップ企業では、確たる成功パターンなど存在しないため、チーム内でいかに素早く知見を共有できるかが、一つの成功のカギとなる。それだけに、チームワークを破綻させる可能性があるインセンティブの使い方は要注意である。こうした副作用をできるだけ抑えるためのポイントは3点ある。

①支給対象

個人ではなく、チーム業績を対象にすることでメンバーの協力を促し、結果的に大きな成果につなげることができる。プロダクト開発等の間接的に成果を上げる部門にも、何らかの基準でインセンティブを配賦する仕組みにすると、なおのこと協力体制が築きやすい。

②支給条件

なぜそれだけの成績を上げることができたのか、自分自身（マネージャーも関与して）で振り返りを行ってもらい、その理由をチームで発表することを、インセンティブの支給条件とする。

すると、チーム内では、成功の秘訣（ひけつ）を発掘し共有してくれた人として称賛を集め、当人に支給する金銭報酬の妥当性が認められやすくなる。

③支給タイミング

半期または通期単位での支給とする。月ごとの運用では、インセンティブが生活給の一部となり、支給の有無によって生活が乱れる恐れもあるが、半期単位であれば一般的な企業の賞与と変わらず、そうしたリスクも軽減される。また、支給金額を計算する煩雑さも抑えられる。

[3] コーポレート部門のインセンティブ

人事・総務・財務・経理等の支援部門は、こうしたインセンティブシステムを設計しにくい。成果を数量に換算するコストが高い上に、数量に換算すること自体が、効果的ではないマネジメントコントロールを招くからだ。

例えば、採用業務において10人採用するという目標を設定し、達成率に応じてインセンティブを支給するとしよう。そうすると、採用担当者が目指すゴールは「10人入社させること」になり、入社にこぎつけるためにさまざまな工夫を凝らす。見極めなければいけない知識・スキルの確認がおろそかになることはさすがにないとしても、合否に迷った時に合格に傾きやすくなる。結果的に、入社後もパフォーマンスが出ず、組織も入社者も不幸という結果になる。

すると、次に発生するアクションは、「採用担当者のインセンティブ基準を“入社６カ月後に活躍している人数を10人”にしよう」となる。しかし、活躍の評価は各部門によって異なるし、活躍するか否かは取り組む仕事の難易度や部署の環境にもよるので、採用の関与が極めて測定しづらい。

こうした問題はあっても、何らかの基準によって運用できないことはない。しかし、スタートアップ企業でこのように手数のかかるコスト高な運用をしている暇はない。いくら理論的に可能であっても、実施する上での効率が悪すぎる場合、スタートアップ企業ではその方法を採用すべきではない。

コーポレート部門へのインセンティブは、全社目標の達成率に応じた一律の配賦か、個別の表彰でもよい。インセンティブとは「励ます」という意味のラテン語を語源としている。あくまでもその効果は励まし、意欲を高める健全なものであるべきなのだ。それが射幸心になってしまっては意味がない。

[4] ストックオプションの設計

ストックオプション（以下、「SO」と呼称する）とは、株式会社が、あらかじめ定めた金額（権利行使価格）で、自社の株式を取得できる権利を社員や取締役に付与する仕組みである。株価が上昇したタイミングで権利を行使し、株式取得後に市場で売却するとその時の株価と権利行使価格の差額が利益となる仕組みだ。権利行使には決められた期間があり、株式数や差額によっては大きなインセンティブになる。

スタートアップ企業では、バーンレート（＝企業経営に伴う月々の消費コスト）を抑えるために、優秀な人材（特に経営幹部）を迎え入れるのに必要な給与原資を十分に用意できない場合があり、そうした際に“賃金の後払い”的な意図でSOを活用する例も見られる。

SOはこのような特別な人材に限らず、一般社員に付与するケースも多い。大きく分けて、今後の貢献を促す外的報酬として動機づけに用いられる場合と、これまでの貢献に対して慰労的に用いられる場合がある。後者は、十分な処遇が提供できない創業期のリスクの高いフェーズから頑張ってくれた人へのねぎらいや、前職からの給与ダウンを顧みず転職してきてくれた人への約束として用いられる場合もある。

SOは、さまざまな制度設計が可能であるが、社員の退職により権利が失効する設定が多く見られる。すると、ローパフォーマーの代謝が進まなくなる要因にもなり得るため、SOを付与する時期については慎重な検討が必要だ。

第4章で、組織成長について来られる人とそうでない人がいると述べた。今後の貢献への期待であれば、少なくとも組織成長モデルに示した第3段階（権限委譲による成長）に入る頃合いまでSOの付与は待つことをお勧めする。

また、SOは段階的に付与する設定も可能である。業務成果に応じて付与することもできるので、その活用も検討されたい。

IPO後にSOでのキャピタルゲインを手に入れて、一気にキーマンが退職してしまうということがある。そこで、「一定期間を経ないとSOの権利行使ができない」とするベスティング条項を制度上設けることで、その期間の退職を防ぐ効果が期待できる。もちろん、人によってはそれに縛られず退職する場合もあるが、少なくとも多数が同時に退職するリスクは軽減できる。

3　本章のまとめ

報酬とは、われわれが労働にエネルギーを投入した際の見返りとして、「もらってうれしい」と感じる価値のあるものである。主としては、給与・賞与といった金銭報酬で受け取っているが、実は環境の価値・仕事の価値・人の価値・組織の価値といった非金銭報酬も享受している。

企業が社員に与える報酬が金銭報酬に偏ると、その比較容易性から、さらなる金銭報酬欲求を引き起こすこともある。もっと高額な金銭報酬を提示する企業になびき転職してしまうこともある。そうなると、財務基盤が十分でないスタートアップ企業にとっては、致命的といえる。

そのため、非金銭報酬、中でも、自らの内から湧き起こる内的報酬を充実させていく必要がある。それは仕事の面白さや達成感といったものであり、本来、スタートアップ企業には多く内在している。しかし、仕事や成果の振り返りなど、内的報酬を実感できるような取り組みがないと、その仕事の困難さに対して求める見返りは、すべて金銭へ向けられてしまう。

金銭報酬はその分かりやすさから、経営陣も検討しやすいが、安易に付与してしまうと、内的報酬を阻害するアンダーマイニング効果を引き起こしやすい。仕事が面白くて寝食を忘れてしまうほどの熱意や没頭が、急速に冷めてしまう。

とはいえ、合理的な金銭報酬を設けることも当然欠かせない。事業の性質、組織フェーズ、職種に合わせた個社ごとの制度設計が必要であり、内的報酬の設計とともに、他社との差別化を図る戦略上のポイントとなる。

何らかのインセンティブを付与することも活用可能な施策の一つではあるが、その射幸性がもたらす問題に気づかず多用してしまっている企業は少なくない。成果に向かう行動動機は一時的なものであってはならず、持続的であることが好ましいわけだが、インセンティブはその射幸性から、持続不可能なレベルで努力の投入を助長してしまうことがある。そうなると行動は長続きせず、成果と報酬の関係は破綻してしまう。修復にはかなりの時間がかかるが、スタートアップ企業でそれに費やしている時間はない。「急がば回れ」で、金銭報酬・外的報酬に偏らず、非金銭報酬・内的報酬を上手に組み合わせて活用することが肝要だ。

第10章

まとめ

本章のポイント

①自社の事業の特徴は何か
②取り組むべき人事戦略とは
③人事戦略の検証

1 スタートアップ企業は変数だらけ

世の中に何か新しいことを出していくということは、静かな水面に石を投げ入れるように、それまで均衡が取れていた産業に波乱を生じさせることでもある。Amazon の登場で街の書店が苦境に陥っている様は、どこでも目にしたはずだ。

こうした動きに対し、既存プレーヤーは波乱と捉え、新規参入を狙う企業はチャンスと捉える。参入障壁が低ければ、新規参入企業は一気に増え、市場は混沌(こんとん)とした様相を呈する。Google で「カオスマップ」と検索してみてほしい。さまざまな業界のプレーヤーを所狭しと並べた図がいくつも登場する。この企業群は、その後自然淘汰(とうた)を経て落ち着きを見せるも、その落ち着いた水面に最新テクノロジーというスピードを持った石を投げ入れるプレーヤーが登場するといった繰り返しだ。

スタートアップ企業は、こうした外的な環境変化に常にさらされる。そしてその変化にうまく対応し、成長すればするほど今度は社内組織の変化にさらされるわけだ。社外も社内も変数だらけの中で生き残り、事業を軌道に乗せることは、まさに至難の業だ。

そうした困難さを極める事業を支える人事には、さらに変数が追加される。それは人の多様さと変化である。

2 事業と組織のフェーズに最適化する

暗中模索といってもよい状態で、いくばくかの目安になるのが、組織成長の段階だ（第２章［図表2-2］)。現時点で自社はどの段階にあるのか。今の成長段階の次にやってくる危機は何か。それが停滞であれば、どのような取り組みが停滞を脱するきっかけになるのか。

もちろん、組織は100あれば100通り、経営者も一人として同じ人はいない。どこまで行っても、完全な正解はない。だからこそ、いくばくかの手掛かりとして、自社を分析する材料としてほしい。

3 何に集中すべきか

正解がないことに向かって考え続けることは苦しさを伴う。そこから脱却するために、われわれは何か「やったほうがいいこと」に「飛びついて」しまう。真面目に取り組んで考えついたことは、大抵は「やったほうがいいこと」であり、そのアクションに一生懸命になることには、甘美な誘いがある。世の中にも、少し調べればヒントらしきものはたくさん転がっている。事例を強調するもの、分かりやすさをうたうもの……など、さまざまである。残念ながら、それらは自社のユニークな事業をドライブさせる施策とはなり得ない。“分かりやすさ＝真ならざる”であるし、他社での成功事例は、他の事業の・他の組織フェーズの・他の組織規模の、そして過去の成功事例だからだ。

しかし、その「やったほうがいいこと」の群れは、自社で何をすべきかを考えるたたき台にはなる。そこがスタート地点であり、本当に取り組むべき、自社なりのユニークな取り組み・切り口を考え抜き、発見しなければならない。そしてほかのことはやらない、あるいは資源の配分を限りなく少なくする。その発見した事項に、スタートアップ企業の限りある人事機能の資源をすべてつぎ込み実行する。そして効果を検証し、修正し再度実行する。この選択と集中こそが戦略であるのだ。

4 事業戦略との緊密な連携

この戦略には、「大きな選択と集中」と「小さな選択と集中」がある。「大きな選択と集中」とは、タレントマネジメントのひし形モデル（第３章［図表3-4］）に示した４辺のいずれかの選択と集中であり、「小さな選択と集中」は、それらの辺の中で、今の自社の状況にとって、どれがキーとなる要素であるかを見極めることだ。

どちらの選択と集中も、事業戦略と緊密なつながりを持たねばならない。もし、今の時点で事業の歩留まりが出ているのであれば、それは何が原因となっているのか。その原因を解明するのは、ビジネスサイドの役割ではあるが、人事もそれにコミットする必要がある。そこには必ず組織と人が介在するからだ。それは組織構造・文化の問題なのか、それとも組織能力の問題なのか、その活用の問題なのか、それらの混在なのか。

また、今が事業成長の段階であれば、さらにドライブさせるためには何が必要なのか、またそのドライブの副作用を最小に抑えるためには何の準備が必要なのか。

すべからく、事業と緊密に連携し進めねばならない。なお、人事戦略は時間がかかる。現時点だけではなく、常に先を予測せねばならない。本書はその助けになることを目的としている。

5 事業と人は成長しているか

こうした一連の取り組みは、連綿と続いていく。それだけに、何がゴールなのか達成なのか、迷子になる時がある。実のところ、ゴールはない。企業と事業が存在し続ける限り、終わることはないのだと思う。スタートアップ企業では環境変化への対応が続くこともあり、自分たちがやっていることに意味があるのかといった疑念が生ずることすらある。

そんな時に、自分たちが進んできた道が正しいものだったのかどうか、また、それによって今後の針路をどう取っていくかを確かめる上での目安は、「事業と社員がともに成長しているか」である。DNA の螺旋モデルのように、双方がともに影響し合って成長していれば、人事戦略として少なくとも間違った道を進んできてはいないといえる。しかし、どちらかが停滞・後退しているならば、何かが間違っていた可能性が高い。

事業が飛躍的に成長している傍らで、人材は疲弊し成長も何もない状態は、今後の成長の源泉を欠いた状態に等しく、事業の継続性に大きな疑義が生じる。これは事業環境に対して、組織能力の量と質が不足していた、またはそれらはあったが、活用方法におけるミスが「続いていたこと」が考えられる（当然、ほかの要因もあり得る）。

逆に、人材はその成長を実感してイキイキとしているが、事業が横ばいを続けている場合は、人事戦略が事業成長に寄与していない状態といえる。この状態は、事業目標と個々人・チームの目標が適切に連動していないこと、キャリア・育成の方向性を正しくガイドできていない可能性が考えられる（ほかの要因もあり得る）。もっとも、人材が成長しているということは、実践で濃密な経験を積んでいることにほかならないので、このパターンはほとんど見かけることはない。

また、流れる時間軸のある時点で切り出したときに、事業と人材のいずれかに成長の進捗が偏っていることはある。しかし、おしなべて一定期間で捉えた時に、偏りすぎていてはいけない。どちらかに偏りすぎることなく、この両軸で成長することが、事業を発展させ、社会に便益を提供していく上で重要なのだ。

現実的に、事業と人材が足並みをそろえ、完全に一致して成長していくことなどはないだろう。思い返しても、瞬間としてはあり得ても、それが何年も継続していたことなど、筆者自身も経験はない。肝要なことは、二つの成長を北極星のように羅針盤として常に見続けることなのだろうと思う。いくら目指しても環境変化という嵐でまっすぐ進めないものが、目指すことすらしなければどんどん誤った方向に進んでいくのは明白だからだ。

おわりに

本書の執筆に至るには、大きなきっかけと数々の支援があった。これらがなければ本書の完成はおろか、執筆に至ることもなかった。この場を借りて謝意を述べたい。

大きなきっかけとは、法政大学大学院政策創造研究科の石山恒貴教授に書籍化を勧めていただいたことである。筆者は、筆者のクライアント企業のうち、スタートアップ企業の人事担当者を主な対象として「タレントマネジメントゼミ」を2020年に開講した。各社の課題にどうアプローチしていくかを、本文で紹介したひし形モデルに沿って検討していくものだった。

その結びの回で石山恒貴教授に講義をしていただいたのだが、その際に、スタートアップ企業の特性に着目したゼミの内容に価値があるとして、書籍化を勧めてくださった。筆者は、長らくスタートアップ業界におり、そこでの特殊性を俯瞰（ふかん）できていなかったことに気がついたのだ。

そこからWEB労政時報での連載を挟み、書籍化されることになったが、考えをまとめる上で大きく役立ったことがあった。それは大学で授業を行うようになったことだ。情報経営イノベーション専門職大学（通称iU）という、学生が起業することを前提としている一風変わった大学だ。先に授業を担当していた青田 努氏（Cast a spell合同会社 代表）に声をかけていただき、人的資源管理・組織行動論を担当させていただくことになった。

これからスタートアップの世界に飛び込んでいく学生に向けて授業の構想をまとめ、資料化するプロセスは、本書の構成を考える上で非常に役立った。

まずは、石山恒貴教授、青田 努氏に大きな感謝を述べたい。

本書の土台となる「タレントマネジメントゼミ」では、中村亮一氏（株式会社サイダス 執行役員／プロダクトソリューション本部 本部長）に共同主宰を務めていただき、田中健治氏（株式会社イネーブルメント・コンサルティング代表）にも大いにご協力いただだいた。ゼミを運営するという取り組みはなかなかに骨が折れるものであったが、両人との１年にもわたる日夜の議論は、筆者の論考を深める上で大変ありがたいものだった。

また、第２章でご自身の振り返りを掲載することを快く許可してくださった株式会社 mentally 代表取締役 CEO の西村創一朗氏、スタートアップ業界についての最新の知見をくださる河合聡一郎氏（株式会社 ReBoost 代表取締役）、人事という仕事に欠かせない観点をくださる志水静香氏（株式会社 Funleash CEO 兼 代表取締役）、林 英治郎氏（LINE 株式会社 Organization Success Center HRBP 室）、池照佳代氏（株式会社アイズプラス代表取締役）、学術的な示唆をくださる塩川太嘉朗氏（立教大学大学院 経営学研究科 中原研究室 博士課程）、金澤元紀氏（シミックソリューションズ株式会社 シニアマネージャー）、労働法関係の最新の判例・事例を教示くださる倉重公太朗弁護士、近衛 大弁護士、白石紘一弁護士、広い視野で実務の多角的な見方を提示してくださる酒井雄平氏（デロイト トーマツ コンサルティング合同会社 シニアマネージャー）、土橋隼人氏（PwC コンサルティング合同会社 ディレクター）、入江崇介氏（株式会社リクルートマネジメントソリューションズ HR Analytics & Technology Lab 所長）、藤本 真氏（独立行政法人労働政策研究・研修機構 主任研究員）にも深く感謝を述べたい。

こうした賢人の知恵・知見を得ながら本書の執筆を進めてきたが、その過程において、筆者にとって未知の領域が実に多く、まだまだ精進せねばならないことも改めて実感した。こうした気づきは、大学院での恩師であり、筆者に学術の基本を叩(たた)き込んでくださった杉浦正和氏（早稲田大学大学院経営管理研究科 教授）からの指導のおかげである。杉浦正和教授にも深く謝意を述べたい。学術の深さと実用性、その両面を等しく捉えることができたのは、ひとえに恩師のおかげである。

また、筆者のコンサルティングに大きな影響を与えてくださった中原孝子氏（株式会社インストラクショナルデザイン 代表取締役)、宮川雅明氏（カタナ・パフォーマンス・コンサルティング株式会社 代表取締役）への感謝にも堪えない。お二人からの学びは、当時雷に打たれたかのごとくであり、今でも鮮明に記憶に残っている。

さらに、スタートアップするということを体系的に捉え、その考え方を学ぶことができたのは、長谷川博和氏（早稲田大学大学院経営管理研究科 教授）の大学院での授業であった。実際に起業することを前提とした授業は、文字どおり血反吐（へど）を吐くような辛さと、それでいて新たなものに取り組む楽しさがあった。

ほかにも、これまで親交のあった実務家・教員・弁護士の方々から多くのヒントを得ていることは間違いない。筆者のキャリアにおいて関わってくださったすべての方々に御礼申し上げたい。

スタートアップ業界は、リスクマネーを扱うことから、経済動向に大きく左右されるし、時の政策にも影響を受ける。大げさな言い方をすれば大海の上に浮かぶ木の種子のような脆（もろ）い存在でもあり、それ故に避けられがちな業界でもある。

しかし、その種子が社会のペインを取り除き、世に大きな便益をもたらすことを考えると、その脆さを放置できず、どうにか支援していきたいという思いが強くなる。本書はその思いの結集であるが、ここで終わりではなく、さらに学びと研究を重ねて今後の業界の一助となれるよう精進していきたい。

最後に、本書の出版に尽力くださった労務行政研究所の金岡 圭氏に心からの感謝を述べたい。スタートアップという狭量な業界を対象にした本書の企画・書籍化にはじまり、筆者の不慣れな文章を懇切丁寧に校閲してくださることがなければ本書が世に出ることはなかった。ここに重ねて深く御礼申し上げる。

2023年６月　自宅書斎にて　著者

主な参考文献

- ASTD (2009) "The New Face of Talent Management", ASTD Press.
- ASTD Global Network Japan HPI 研究会2013
- Atwood, C. G. (2007) *Succession Planning Basics.*（石山恒貴訳（2012）『サクセッションプランの基本〜人材プールが力あるリーダーを生み出す〜』，ヒューマンバリュー）
- Bandura, A. (1997) *Self-efficacy: The exercise of control,* W. H. Freeman.
- Becker, G. S. (1967) "Human Capital and the Personal Distribution of Income: An Analytical Approach", Institute of Public Administration.
- Csikszentmihalyi, M. (1997) *Finding Flow: The Psychology of Engagement With Everyday Life.*（大森弘監訳（2010）『フロー体験入門―楽しみと創造の心理学』，世界思想社）
- Flamholtz, E. G. & Randle, Y. (2000) *Growing Pains: Transitioning from an Entrepreneurship to a Professionally Managed Firm.*（加藤隆哉監訳（2001）『アントレプレナーマネジメント・ブック―MBA で教える成長の戦略的マネジメント』，ダイヤモンド社）
- Greiner, L. E. (1972) "Evolution and Revolution as Organizations Grow", Harvard Business Review, July-August, pp.37-46
- Greiner, L. E. (1972) 藤田昭雄訳（1979）「企業成長の"フシ"をどう乗り切るか」，Diamond Harvard Business Library，Jan-Feb，pp.69-78
- Latham, G. P. (2007) *Work motivation: history, theory, research, and practice.*（金井壽宏監訳・依田卓巳訳（2009）『ワーク・モティベーション』，NTT 出版）
- Lombardo, M. M. & Eichinger, R. W. (2010) *The Career Architect Development Planner 5th edition.* Lominger International.
- Michaels, Ed et al. (2001) *The War for Talent.* Harvard Business School Press（マッキンゼー・アンド・カンパニー監訳・渡会圭子訳（2002）『ウォー・フォー・タレント』，翔泳社）
- Moore, G. A. (1999) *Crossing the Chasm.*（川又政治訳（2002）『キャズム』，翔泳社）
- Penrose, E. T. (1995) *The Theory of the Growth of the Firm 3rd edition.*（日高千景訳（2010）『企業成長の理論　第3版』，ダイヤモンド社）
- Ries, E. (2011) *The Lean Startup.*（井口耕二訳・伊藤穰一解説（2012）『リーンスタートアップ』，日経 BP）
- Robbins, S. P. (2005) *Essentials of Organizational Behavior 8th edition.*（高木晴夫訳（2009）『新版　組織行動のマネジメント』，ダイヤモンド社）
- Schein, E. H. (2010) *Organizational Culture and Leadership 4th edition.*（梅津祐良・横山哲夫訳（2012）『組織文化とリーダーシップ』，白桃書房）
- Timmons, J. A. (1994) *New Venture Creation 4th edition.*（千本倖生・金井信次訳（1997）『ベンチャー創造の理論と戦略―起業機会探索から資金調達までの実践的方法論』，ダイヤモンド社）
- 石田光男（2006）「賃金制度改革の着地点」，日本労働研究雑誌 48（9），pp.47-60
- 石山恒貴（2020）『日本企業のタレントマネジメント』，中央経済社
- 石山恒貴（2021）「TM は、HRM と SHRM に対し、何を共有しており、どこに固有の特徴があるのか」，2021年経営行動科学学会組織行動部会・人的資源部会年次大会"TM と HRM の異同を問う"
- 石山恒貴・山下茂樹（2017）「戦略的タレントマネジメントが機能する条件とメカニズムの解

明—外資系企業と日本企業の比較事例研究—」，日本労務学会誌第18巻第1号，pp.21-43
・今野浩一郎（1998）『勝ちぬく賃金改革—日本型仕事給のすすめ』，日本経済新聞社
・株式会社インストラクショナルデザイン（2009）「インストラクショナルデザイン構築と効果測定」
・梅崎修・藤本真・西村純（2021）「日本企業における人事制度改革の30年史」，JILPT Discussion Paper 21-10
・海老原嗣生・荻野進介（2018）『名著17冊の著者との往復書簡で読み解く　人事の成り立ち』，白桃書房
・尾形真実哉（2018）「中途採用者の組織適応モデルの提示」，甲南経営研究58巻4号，pp.19-32
・尾形真実哉（2018）「中途採用者の組織適応を促進する個人属性と組織サポートに関する質的分析」，甲南経営研究58巻1号，pp.57-93
・柿沼英樹（2015）「企業におけるジャストインタイムの人材配置の管理手法の意義—人的資源管理論でのタレントマネジメント論の展開—」，經濟論叢 189（2），pp.49-60
・柿沼英樹・土屋裕介（2020）『タレントマネジメント入門—個を活かす人事戦略と仕組みづくり』，ProFuture
・金井一賴・角田隆太郎編（2002）『ベンチャー企業経営論』，有斐閣
・菊谷寛之（2019）『役割貢献の評価と賃金・賞与の決め方』，労働調査会
・楠田丘（2006）『人を活かす人材評価制度　第7版』，経営書院
・榊原清則・本庄裕司・古賀款久（2004）「技術系製造業におけるスタートアップ企業の成長要因」，文部科学省 科学技術政策研究所 Discussion Paper No.37
・高島克史（2009）「ベンチャー企業の成長モデルに関する考察— Greiner の説をもとにして」，人文社会論叢 社会科学篇（21），pp.79-94
・高橋伸夫（2004）『虚妄の成果主義—日本型年功制復活のススメ』，日経 BP
・田口光（2015）「組織成長のジレンマを越えるリーダーシップスタイルのシフト」
・田口光（2022）「スタートアップ企業の人事戦略」第1回－第5回，WEB 労政時報
・中原淳・中村和彦（2018）『組織開発の探求　理論に学び、実践に活かす』，ダイヤモンド社
・長谷川博和（2010）『ベンチャーマネジメント［事業創造］入門』，日本経済新聞出版
・服部泰宏（2020）『組織行動論の考え方・使い方—良質のエビデンスを手にするために』，有斐閣
・松尾睦・細井謙一・吉野有助・楠見孝（1999）「営業の手続的知識と業績——経験年数の媒介効果と知識獲得プロセス」，流通研究第2巻第1号，pp.43-57
・松尾睦（2011）『職場が生きる　人が育つ　「経験学習」入門』，ダイヤモンド社
・松尾睦（2019）『部下の強みを引き出す 経験学習リーダーシップ』，ダイヤモンド社
・松田修一（2014）『ベンチャー企業 第4版』，日本経済新聞出版
・村中靖・淺井優（2019）『役員報酬・指名戦略』，日本経済新聞出版
・柳孝一・長谷川博和（2005）『ベンチャー企業論』，放送大学教育振興会
・柳孝一（2004）『ベンチャー経営論—創造的破壊と矛盾のマネジメント』，日本経済新聞社
・山崎泰央（2004）「日本における1970年代『ベンチャー・ビジネス』の展開」，Journal of innovation management 1，pp.139-157
・山本敏行・戸村光（2021）『投資家と企業家』，クロスメディア・パブリッシング
・労務行政研究所編（2021）『進化する人事部』，労務行政
・若林満監修，松原敏浩・渡辺直登・城戸康彰編（2008）『経営組織心理学』，ナカニシヤ出版

■著者プロフィール

田口 光（たぐち ひかる）

合同会社 YUGAKUDO 代表社員
情報経営イノベーション専門職大学（通称 iU）非常勤講師／人的資源管理・組織行動論担当
中小機構 BusiNest メンター
早稲田大学大学院商学研究科（MBA）修了。大手人材サービス企業にて新規事業開発・事業戦略・人事総務等の部門長を経験。IPO 準備・M&A などのプロジェクトにも参画する。その後、外資企業の人材開発部門長を経て組織・人事コンサルタントとして独立。多くのスタートアップ企業で顧問・役員を務める。

カバーデザイン／株式会社ローヤル企画
本文デザイン・印刷・製本／三美印刷株式会社

スタートアップ企業の人事戦略

2023年8月 4 日　初版発行
2024年7月31日　初版2刷発行

著　者　田口　光
発行所　株式会社 **労務行政**
〒141-0031　東京都品川区西五反田3-6-21
住友不動産西五反田ビル 3 階
TEL：03-3491-1231
FAX：03-3491-1299
https://www.rosei.jp/

ISBN978-4-8452-3442-4
定価はカバーに表示してあります。

訂正が出ました場合、下記 URL でお知らせします。
https://www.rosei.jp/store/book/teisei